Ricarda Huch

Natur und Geist

e-artnow 2021

Ricarda Huch

Natur und Geist

Als die Wurzeln des Lebens und der Kunst

e-artnow, 2021
Kontakt: info@e-artnow.org

ISBN 978-80-273-4191-7

Inhaltsverzeichnis

I. Kapitel
Die Welt

Der Kosmos ist eine Dreieinheit aus Geist, Natur und Seele; diese drei Wesensteile bestehen nur miteinander verbunden. Die Natur ist körperlich und erscheint in der Sphäre des Raumes, der Geist ist das Innere der Natur und ist zeit- und raumlos, die Seele ist das Verbindende und bewegt sich in der Sphäre der Zeit. Der gebräuchliche Ausdruck für Zeit- und Raumlosigkeit ist Ewigkeit; aber Innerlichkeit ist bezeichnender. Erinnern ist erewigen, und verewigen ist verinnerlichen. Da der Geist nichts anderes ist als die in die Innerlichkeit übertragene Natur oder die Natur nichts anderes als der in die Körperlichkeit übertragene Geist, so sind Geist und Natur dasselbe, und es besteht nur der Unterschied zwischen ihnen, daß die Natur im Raume erscheint und dadurch die Ganzheit des Geistes zerteilt. Man kann auch sagen, der einzige Unterschied zwischen Geist und Natur bestehe darin, daß die Natur sinnlich wahrnehmbar, der Geist innerlich ergreifbar ist.

Da Geist und Natur einander wesentlich gleich und nur durch die Erscheinungsweise verschieden sind, so ist nicht zu begreifen, wie die Einheit aufgehoben und aus Ruhe Bewegung werden konnte, und zwar können wir es deshalb nicht begreifen, weil das Wesen des Geistes, der Ewigkeit oder Innerlichkeit, uns unfaßbar ist. Wir können nicht begreifen, daß etwas ohne Anfang und Ende sein kann, daß Natur Geist, daß Äußeres Inneres werden kann. Vorausgesetzt muß also werden, wenn es auch nicht begriffen werden kann, daß das Äußere innerlich werden, daß das Unbewußte wissend werden wollte; oder: vorausgesetzt muß werden, daß die Weltmasse wie das Urtier die Eigenschaft der Reizbarkeit (Irritabilität) besaßen, die Eigenschaft, auf Reiz durch Bewegung zu antworten, und daß dieser Reiz in dem Triebe der Natur Geist zu werden bestand. Mit dem unfehlbar richtigen Blick des Kindmenschen lehrten deshalb die Alten, daß der Streit der Vater aller Dinge, und daß die Liebe die Urgottheit, das erste Lebenszeichen gewissermaßen der Welt, gewesen sei. Bewegung ist nicht möglich ohne Abweichung und infolgedessen Gegensätzlichkeit, Spannung, Entzweiung, womit zugleich der Trieb, die Entzweiung auszugleichen, gegeben ist. Indem also Geist und Natur sich entzweiten, wurde die Natur von Liebe zum Geist ergriffen (das Unbewußte wollte wissend werden), und diese Liebe ist der Ursprung des Lebens. Denn wie jedem Ausgleich (jeder Bewegung) eine Entzweiung vorausgegangen sein muß, so muß jedem Ausgleich, der nie absolut ausgleicht, eine neue Entzweiung folgen, und die ewige Folge von Entzweiung und Ausgleich ist das, was wir Leben oder Entwicklung nennen. Leben ist eine Folge von Entzweiung und Ausgleich; den letzten Ausgleich nennen wir Tod.

Das Äußere, welches sich von der Natur losriß, weil es die Innerlichkeit liebte und innerlich bzw. wissend werden wollte, ist die Natur, die wir im Gegensatz zur unbewußt gebliebenen Natur Geist nennen; er verhält sich negativ zur positiven Natur.

In der anorganischen Natur erscheint der Geist als Element, in der organischen zuerst als Individuum, dann als Person.

Die Spaltung des Universums in negativen Geist und positive Natur erscheint in der organischen Natur als Mann und Weib bzw. als männliches und weibliches Prinzip.

Der Mann ist wesentlich Element, Individuum, Person, das Bewegte, das Vereinzelte, das Abweichende; er hat sich von der Natur losgerissen und steht ihr negativ gegenüber; das Weib ist allgemein und typisch, eins mit der Natur und positiv wie sie. Der Ausgleich der zwischen Mann und Weib bestehenden Spannung ist das von ihnen erzeugte Kind. Das Kind ist die Seele von Mann und Weib, sie zusammen bilden den ganzen Menschen, einen Kosmos.

Wie der Mensch in positiver und negativer Natur wurzelt, so wurzelt das Kind in Mutter und Vater; sie beide bilden seine Wesenshälften, welche sich in seinem Innern zu einem neuen Individuum bzw. einer neuen Person vereinigen. Der Ausgleich der Spannung der beiden Wesenshälften, der positiven und negativen, im Innern des Menschen ist das Kunstwerk oder die Tat. Der sich entwickelnde Mensch muß handeln oder gestalten.

Die Menschheit, der Mensch und das Kunstwerk (bzw. die Tat) sind demnach Ausgleiche von Spannungen zwischen positiver, unbewußter Natur und negativer, bewußter Natur oder zwischen Natur und Geist und also Abbilder des dreieinigen Kosmos. Auch diese Dreieinheiten sind unauflösbar und können getrennt nicht bestehen. Ihre drei Wesensteile sind unbewußte Natur, bewußte Natur oder Seele und selbstbewußte Natur oder Person oder Geist.

Die Entzweiung ist Wissendwerdenwollen, das ist Lieben; der Ablauf der Entwicklung ist daher mit zunehmendem Bewußtsein und zunehmender Liebe verbunden; Bewußtwerden und Liebe sind nebeneinander herlaufende Erscheinungen. Die Entwicklung geht vom Unbewußtsein bis zum vollständigen Selbstbewußtsein, von der sinnlichen Liebe oder Liebe des Gegensatzes bis zur vollkommenen Selbstliebe oder geistigen Liebe. Ist die Natur ganz Geist geworden, so tritt sie die rückläufige Bewegung an und entwickelt sich durch den Tod wieder zur Natur. Entsprechend den drei Sphären des Raumes, der Zeit und der Innerlichkeit wiederholt sich die Entwicklung der Geist-Natur dreifach: einmal räumlich-zeitlich in der Natur- und Menschengeschichte, zweitens zeitlich-räumlich in der Geschichte jedes Individuums, drittens geistig im Innern jedes Individuums, und zwar ist der dritte Ablauf analog dem zweiten, der sein Erscheinen hervorruft, und der zweite analog dem ersten, der sein Erscheinen hervorruft. Das heißt: im Innern jedes einzelnen wiederholt sich das Verhältnis der Eltern zueinander, und in der äußeren Geschichte jedes Individuums wiederholt sich das Verhältnis von Geist und Natur, wie es zur Zeit seines Entstehens in der Geschichte bestimmt ist. Diese Wiederholung des elterlichen bzw. geschichtlichen Verhältnisses geht, bis die Bildung der Person im Innern und Äußern des Individuums vollendet ist, von welchem Zeitpunkt an die Person ihre Entwicklung selbst bestimmen kann. Das geistige Leben des Individuums hängt also ab von der Beschaffenheit des Geistes seiner Zeit, d. h. es entspricht der Stufe, die die geistige Entwicklung des Menschen zur Zeit seiner Geburt erreicht hat, und sein natürliches Leben hängt ab von der Beschaffenheit der natürlichen Kraft seiner Zeitgenossen (insbesondere seines Volkes). Die Grundlage seines Handelns und Schaffens muß demnach der geistig-natürlichen Entwicklungsstufe seiner Zeit entsprechen, je nach seiner Persönlichkeit jedoch kann es aus dieser Grundlage Neues und Eigenes hervorbringen. Ebenso hängt das geistig-natürliche Einzelwesen von der geistig-natürlichen Beschaffenheit seiner Eltern ab, die sie mit der männlichen und weiblichen Keimzelle auf dasselbe übertragen; sind aber diese Keime in ihm zu einer neuen Person verschmolzen, so kann es sein Leben frei nach seiner Eigenart gestalten.

Bis zum Entstehen seiner Persönlichkeit hängt der Mensch mit seinem Tun und Schaffen wesentlich von der Natur ab; erst mit seiner Person beginnt sein eigenes Leben und sein Verdienst.

Die kosmische Dreieinheit, die sich dem erkennenden Menschen als Geist, Natur und Weltseele darstellt, erscheint dem religiösen Menschen als Dreieinigkeit von Gott-Vater, Gott-Sohn und Heiliger Geist.

Es geht nichts im Kosmos vor, was nicht in der Menschheit vorgeht (sich in ihr spiegelt); es geht nichts in der Menschheit vor, was nicht im Menschen vorgeht; es geht nichts im Leben des Menschen vor, was nicht in seinem Innern vorgeht. Das Innere des selbstbewußten Menschen ist das Innere der Welt. Der Kosmos ist nichts als die sich entwickelnde durchgeistigte Natur und ihre Idee im menschlichen Bewußtsein.

II. Kapitel
Der Mensch

Die zunehmende Entfernung der negativen Natur von der positiven erscheint in der organischen Welt als Bewußtwerden. Die höchste Stufe des Bewußtseins ist das Selbstbewußtsein. Der Mensch ist zuerst vorwiegend unbewußt, d. h. er begreift die Welt durch Instinkt, angeborene Ideen, dann bewußt, d. h. erkennend, dann selbstbewußt, d. h. sich selbst erkennend. Das Unbewußte ist positiv, das Selbstbewußte negativ.

Das Weib ist hinter dem Manne um eine Entwicklungsstufe zurück. Jeder Mensch bzw. jede Familie soll den ganzen Kreis des Bewußtseins durchlaufen: die Familie ist ein durch Zeit und Raum vervielfältigtes Individuum. Sowohl Mann wie Weib sind zuerst unbewußt, dann bewußt, dann selbstbewußt; aber der Mann ist wesentlich selbstbewußt, die Frau wesentlich bewußt. Die Frau kann nicht in dem Maße selbstbewußt werden wie der Mann, weil sie die Aufgabe hat, Kinder hervorzubringen und dadurch notwendig mit dem Raume, der Natur, verbunden ist; der Mensch kann sich aber nur auf Kosten der Natur zum Selbstbewußtsein entwickeln, und die Frau würde, wenn sie die höchste Spitze des Selbstbewußtseins erreichte, nicht mehr gebären können, also nicht mehr Frau sein. Mit anderen Worten: die Sphäre des Selbstbewußtseins ist das Innere, der Geist; der Mensch kann aber nicht zugleich ganz Geist und Natur, ganz innerlich und äußerlich sein. Die Natur des Weibes zeigt ihre Produktionskraft im Hervorbringen von Kindern; deshalb bringt sie, obwohl stark in der Natur, im allgemeinen keine Geisteswerke hervor. Ihre selbstbewußte Seite entwickelt die Frau im Einzelleben erst im Alter, wenn das Werk des Gebärens vollbracht ist, im Völkerleben in der Rücklaufszeit (Dekadenz), wenn das Volk abstirbt. Ihr Selbstbewußtsein hat daher nur eine beschränkte Entwicklungsmöglichkeit. Dafür entfernt sich die Frau nie so weit von der Natur wie der Mann; fest gegründet auf die Natur, in der sie wurzelt, ist sie oft höherentwickelten Männern überlegen. Nur die allerhöchste Stufe des Geistes steht über der Natur. Man kann sagen, daß die Frau im allgemeinen dem Geiste näher steht als der Mann, der zwischen primitiver, roher Natur und höchster Geistigkeit schwankt, daß ihr aber die höchste Spitze des Selbstbewußtseins im allgemeinen nicht zugänglich ist.

Der unbewußte, primitive Mensch sind Mann und Frau auf der untersten Stufe der Entwicklung, auf unteren Kulturstufen, in den unteren Schichten der Gesellschaft, und zwar ist der Mann wesentlich elementar, aktiv und produktiv, die Frau wesentlich ruhend. Auf höheren Stufen ist die Frau vorwiegend bewußt, der Mann entweder vorwiegend primitiv oder vorwiegend selbstbewußt. Der Bauer ist der vorwiegend unbewußte, natürliche, typische Mensch, daher auch der am meisten Unterdrückte, Leibeigene. An der Stellung des Bauern und der Frau unterscheidet man hauptsächlich den Grad der Kultur. Sind Bauer und Frau leibeigen, ist die Kultur noch sehr unentwickelt. Wenn die Frau bewußt geworden ist, so beginnt der Mann von selbst, sie zu ehren; nur selbstbewußt will er sie nicht leiden. Ihr Rat erscheint ihm wie göttliche Eingebung, der er sich unterwirft, er fühlt, daß ihre Einfälle adäquat sind, Weltbilder. Der Staat beraubt sich einer wesentlichen Stütze, wenn er die Frau als Beraterin ausschließt.

Durch die Natur ist das Weib unzertrennlich mit der Materie verbunden und insofern, durch die Materie (den Stoff oder die Masse), sterblich. Der Mann, dem der Stoff nicht wesentlich ist, ist an sich unsterblich, er stirbt nur mittelbar durch das Weib (in sich). Dicksein, Dickwerden ist immer ein Ausdruck von vorhandener Weiblichkeit.

Das Wesen des Mannes ist Bewegung, Erregung, das Wesen des Weibes ist, durch seine Verbindung mit dem Stoff, Ruhe.

Das Wesen des Mannes ist gegliederte Bewegung, Rhythmus, das Wesen des Weibes gestaltete Masse, d. i. Form.

Das Gliederungsprinzip des bewußten Mannes (bzw. der bewußten Frau) zeigt sich in der Zeit (im Seelischen) als Charakter, das Gestaltungsprinzip des Weibes im Raume als Ordnungs- und Schönheitssinn.

Das Wesen des Mannes ist zeugend und erregend, das des Weibes empfangend und gebärend.

Das Wesen der männlichen Liebe ist Begierde, das der weiblichen Liebe Hingebung.

Der Mann hat Reizbarkeit (Irritabilität), die Frau Einbildungskraft (Phantasie). Reizbarkeit empfindet Reize und antwortet auf sie durch Bewegung, die Einbildungskraft nimmt Reize auf, bildet sie sich ein.

Der Mann ist persönlich, das Weib typisch.

Die Schönheit des Mannes ist persönlich, d. h. sie beruht auf der Eigenart und Bewegung, die des Weibes ist typisch, d. h. sie beruht auf der Form.

Der persönliche Mann repräsentiert dem Weibe Gott, das unbewußte Weib repräsentiert dem Manne die Natur.

Die wesentlichen Eigenschaften des Weibes beruhen auf seiner unlöslichen Verbindung mit der Natur, daher mit der Masse.

Das Wesen des Mannes, als Bewegung, ist Leben, das Wesen des Weibes, als Stoff, ist Tod.

Das Leben ist eine Frage, der Tod die Antwort; das Leben negativ, der Tod positiv. Man kann sagen: Der Mann stellt an das Weib die Frage des Lebens, und das Weib antwortet bejahend mit dem Tode. Der Tod gibt dem unendlich wachsenden Leben die Form. Ohne den Tod wäre der Mensch anorganisch, der Tod macht ihn zum Organismus.

Der bewegte Mann bedarf des Weibes als Ruhepunkt und Stütze und als Spiegelung seiner Persönlichkeit; das unbewegte Weib bedarf des Mannes als Beseeler und Anreger.

Das unbewußte Weib, als Stoff, wird vom Manne konsumiert, sie ermöglicht ihm das Leben, wie am brennbaren Stoffe sich das Licht entzündet. Der Trieb des unbewußten Weibes ist sich hinzugeben, sich zu opfern, der Trieb des Mannes sich vermittels des sich opfernden Weibes zum höchsten Leben zu entfalten. Das positive Weib lebt im Opfer an den negativen Mann, der negative Mann lebt durch das Opfer des positiven Weibes. Mit zunehmendem Bewußtwerden verhält das Weib sich nicht mehr rein positiv zum Manne. Das elementar Männliche verhält sich negativ zum primitiv weiblichen aber positiv zum selbstbewußt Männlichen.

In der vorchristlichen Zeit stand der bewußte, dem Selbstbewußtsein entgegenreifende Mann dem unbewußten, dem Bewußtsein entgegenreifenden Weibe gegenüber wie die negative Natur (Geist) der positiven Natur. Sie repräsentierte ihm zugleich Weib, Kind, Tier und Natur, das Instinktleben. Es besteht zwischen dem bewußten selbstbewußtwerdenden Manne und dem unbewußten Weibe eine normale Spannung zwischen Negativ und Positiv.

Das Streben, diese Spannung auszugleichen, erscheint als Liebe, und der Ausgleich der Spannung ist das von Mann und Weib erzeugte Kind. Das Problem jedes Ehepaares ist das von ihnen zu erzeugende Kind. Da das Kind vom Manne gezeugt ist, der sich äußern will, und vom Weibe gebildet wird, dessen Einbildungskraft vom Manne erfüllt ist, ist das Kind ein Sohn. Das Kind ist wesentlich der Sohn. Dies ist der Grund, warum im allgemeinen jedes Ehepaar als erstes Kind einen Sohn nicht nur erhofft, sondern instinktiv erwartet. Ist nach geschehener Ausgleichung (durch eine Geburt oder mehrere Geburten) die Spannung herabgesetzt, so gebiert das Weib Töchter, welche Wiederholungen des mütterlichen Typus sind. Da das Kind denjenigen von seinen Eltern vorzüglich liebt, dessen Persönlichkeit es darstellt, und der ihm daher Vorbild ist, liebt der Sohn vorzüglich den Vater. Aus den eben angeführten Gründen haben der bewußte Mann und das unbewußte Weib mehr Söhne als Töchter und werden auf den unteren Stufen der Kultur mehr Söhne als Töchter geboren.

Dies Verhältnis zwischen Mann und Weib ändert sich mit dem Christentum; denn das ist der Zeitpunkt, wo das Weib bewußt wird und dem Selbstbewußtsein entgegenreift. Der nunmehr auf der ersten Stufe des Selbstbewußtseins stehende Mann steht von jetzt an als Negation dem ebenfalls negativen Weibe gegenüber; die Körper können noch, aber die Seelen nicht mehr ganz miteinander verschmelzen.

Mit dieser Epoche beginnt das, was man den Haß der Geschlechter nennt, was wesentlich Haß des Mannes gegen das negative Weib ist. Das vollkommen positive Weib konnte den negativen Mann vollkommen neutralisieren, und diese vorübergehende Neutralisierung war für ihn wie ein verjüngendes, kräftigendes Bad. Die beginnende Negativität des Weibes erschwerte die Neutralisierung. Andererseits wurde die Liebe des Mannes heftiger, da er nun nicht mehr nur das Geschlecht, sondern auch das Individuum liebte, und doch machte eben die beginnende

Eigenart des Weibes die leidenschaftlich ersehnte Übereinstimmung unmöglich. Ferner erhob das persönliche Weib einen gewissen Anspruch auf dauernden und ausschließlichen Besitz des Mannes, der doch, da sein Wesen Bewegung und Negation ist, nichts mehr hassen kann als gebunden zu werden. Bewegung ist Negation der Ruhe; ließe der Mann sich binden, bliebe er neutralisiert, so wäre er nicht mehr er selbst; daher muß seine erste Negation sich gegen das Weib richten, das er am meisten liebte.

Der Mann konnte deshalb nicht anders, als dem Weibe sein Selbstbewußtwerden, was ihm natürlich war, als Schuld vorwerfen. Obwohl das Selbstbewußtwerden des Weibes zum Prozeß des Bewußtwerdens der Menschheit notwendig hinzugehört, wurde der Verlust an unbewußter Natur, der sich dadurch für den Mann bemerkbar machte, von ihm stets als Folge irgendwelcher Fehler der Frau aufgefaßt, wie dies die Erzählung vom Sündenfall in der Bibel deutlich zeigt; die Gebärde des Adam, der, um sich Gott gegenüber zu verantworten, auf Eva als auf die Schuldige weist, ist dem Manne eigentümlich geblieben.

Die Jahrhunderte, in denen das Selbstbewußtsein des Mannes sich der höchsten Stufe näherte, und das der Frau bereits einen hohen Grad erreicht hatte, waren die Zeit der Hexenprozesse. Der Mann liebt das persönliche an der Frau nicht, die er typisch will; an der alternden Frau, die ohnehin naturgemäß männlich, d. h. persönlich wird, erschien es ihm vollends hexenhaft. Gleichzeitig blühte der Marienkult: der Mann betete an vor dem Bilde des unbewußten, typischen, nur liebenden Weibes, der Mutter mit dem Sohne.

Der absolute, ganz negative Mann ist Mephisto, das ganz positive Weib die Dirne; denkt man sich aber das Bejahen- und Liebenmüssen anstatt auf den in Zeit und Raum vereinzelten männlichen Geist verteilt, auf den männlichen Geist an sich, Gott, gesammelt, so wird aus der Dirne die Madonna.

Auch in dem Ergebnis der Liebe, in den Kindern, trat mit dem Selbstbewußtwerden des Weibes und der Änderung der Liebe eine Änderung ein. Einerseits hat das teilweise negative Weib nicht mehr den vorherrschenden Trieb, Söhne zu gebären, andererseits erwacht in dem persönlichen Weibe der Trieb, Kinder nach ihrem Bilde zu haben. Die rein geschlechtliche Spannung ist zugunsten der seelischen Spannung herabgesetzt. Es ist bezeichnend, daß gerade das italienische Sprichwort – Italien ist das erste Kulturvolk des Abendlandes – mit Bezug auf die männliche oder weibliche Erstgeburt sagt: In den Häusern vornehmer Leute kommen zuerst die Frauen, dann die Männer. (In casa di gentil' uomini vengono prima le donne e dopo gli uomini.)

Die Eigenwilligkeit der negativen Frau macht sich nun in ihrem (natürlich unbewußt von ihr ausgeübten) Einfluß auf Geschlecht und Persönlichkeit des Kindes geltend. Liebt sie den Gatten nicht oder nicht sehr, so wird sie die Neigung haben, dem Sohne nicht seine Persönlichkeit, sondern die eigene oder, wenn sie z. B. noch sehr jung ist, die des Vaters einzubilden. Je persönlicher, d. h. männlicher das Weib wird, desto größer wird seine (natürlich unbewußte) Neigung, Mädchen zu gebären, was auch mit dem Engerwerden des Beckens in Zusammenhang stehen mag. Es werden also auf tieferen Kulturstufen mehr Knaben, auf höheren im Verhältnis mehr Mädchen geboren; aber jene sind, als primitiv, verhältnismäßig weiblich, diese, als dekadent, verhältnismäßig männlich. Das Weiterbestehen des menschlichen Geschlechtes wäre mit dem Selbstbewußtwerden des Weibes aufgehoben, wenn der Mann nur Mann, das Weib nur Weib wäre, und wenn die Natur nicht alle einmal erreichten Stufen mitzunehmen pflegte. Jeder Mann hat etwas Weiblichkeit, jedes Weib etwas Männlichkeit in sich, und beide behalten ihre positive Tierstufe, ihre Wurzel. Jeder Mensch ist zugleich Mann und Weib, wenn auch in wechselnder Stärke, und jeder ist zugleich unbewußt, bewußt und selbstbewußt, wenn auch in sehr verschiedenen Verhältnissen. Wie jeder Baum Wurzel, Stamm und Krone haben muß, so ist auch im Menschen jedes dieser drei Bestandteile, sei es noch so schwach, vertreten. Auch das selbstbewußte Weib ist als Geschlechtswesen positiv, und nur der ganz und gar geisteskranke Mann ist innerlich vollständig von der positiven Natur abgelöst. Zu irgendeinem Zeitpunkt treten im Leben jedes Menschen eine positive und eine negative Seite, wenn auch eventuell gering, hervor.

Im unbewußten Menschen ist Unterspannung, Überwiegen des Positiven über das Negative, im bewußten gleichstarke Spannung, im selbstbewußten Überspannung, Überwiegen des Negativen über das Positive.

Unterspannung bringt einen Zustand von Dumpfheit und Langeweile mit sich; das starke Bedürfnis des primitiven Menschen nach Berauschung kommt daher. Die gleichstarke Spannung des bewußten Menschen ist die Bedingung des äußerlich bewegten Lebens und der schönen Kunst. Dies ist der normale Zustand des antiken, später des italienischen Menschen, der der Berauschung verhältnismäßig wenig bedarf.

Überspannung, die Spannung des selbstbewußten Menschen, ist die Bedingung eines innerlich bewegten, sich vollendenden Lebens. Die Gefahr aller Rauschmittel für diese Menschen beruht auf dem an sich bereits vorhandenen Überwiegen der Negativität.

Der unbewußt, in der Sphäre des Raumes lebende Mensch ist körperlich vertreten durch die vegetativen Organe und die Bewegungsorgane, der bewußte durch das vorstellende Gehirn, der selbstbewußte durch das Zentralnervensystem. Der unbewußte ist der sich ernährende und fortpflanzende, der instinktive Mensch, der bewußte der handelnde und erkennende Mensch, der selbstbewußte der empfindende und sich selbst erkennende Mensch. Der unbewußte, als Mann elementare, als Weib natürliche Mensch leidet wesentlich körperlich, der bewußte, weibliche, wesentlich seelisch, der selbstbewußte, männliche, wesentlich geistig.

Der vollendete, gottähnliche Mensch ist derjenige, dessen Natur ganz in Geist verwandelt, aufgelöst, dessen Geist ganz natürlich, ganz eins mit der Natur geworden ist. Er hat die Natur nicht getötet, sondern überwunden, verklärt, sie lebt und dient ihm freiwillig.

Der Trieb der Natur, den vollendeten, gottähnlichen Menschen zu entwickeln, führt nicht zur Vermehrung, wohl aber zur einseitigen Verteilung der Negativität, wodurch neben dem Entstehen des Abnormen im guten Sinne auch die Möglichkeit des Entstehens des Abnormen im schlechten Sinne gegeben ist. Das Abnorme im guten Sinne oder das Übermenschliche entfernt die Natur, wenn es seinen Zweck erfüllt hat, d. h. erschienen ist, durch den Tod. Die Tendenz der Natur, das Abnorme im schlechten Sinne zu entfernen, kann man den Trieb der Selbstreinigung nennen, im Menschen erscheinend als Selbstverneinung. Es gibt drei Arten der Selbstreinigung, eine unbewußte, eine bewußte und eine selbstbewußte: Unfruchtbarkeit, Selbstmord und Selbstentzweiung (Geisteskrankheit).

Neben dem Triebe der Selbstreinigung geht aber ein anderer Trieb der Natur her, der nämlich, das Abnorme, das Einseitige, Übernegative, nicht zu entfernen, sondern zu ergänzen; es ist der Trieb der Vervollkommnung, beim Menschen erscheinend als Selbstvervollkommnung oder Selbstergänzung. Im Lebenslaufe des normalen Menschen stellt sich eine natürliche Ergänzung in der Weise dar, daß der Mensch, nämlich Mann und Weib zusammengefaßt, seine verschiedenen Wesensseiten zu verschiedenen Zeiten entwickelt und dadurch stets ein Ganzes bildet.

Leben des normalen Menschen

Im Kinde sind die Geschlechter noch vereinigt, es ist erst ganz unbewußt, elementarisch, und wird dann Individuum. Allmählich entwickelt sich sein Bewußtsein, es kommt als Jüngling, nicht ohne innere Kämpfe, zur Erkenntnis seines Wesens. Seine erwachende Persönlichkeit, mit der zugleich die Geschlechtsliebe erwachen mußte, treibt ihn, sich lyrisch zu äußern und seine Ergänzung im Weibe, der Natur, von der er sich eben getrennt hat, zu suchen. Seine Reizbarkeit und Beweglichkeit bewahrt ihn davor, sich zu binden; denn dadurch würde er vorzeitig zur Natur zurückgezogen. Auch in Handlungen und Werken führt er noch nichts aus, sondern gefällt sich in Plänen und Entwürfen. Dies gibt ihm etwas Schwankendes und Ungleiches; denn von hohen Idealen erfüllt, leistet er doch nichts und wechselt zwischen Selbstüberschätzung und Selbstunterschätzung. Auch im Denken zeigt er noch das Charakteristische der Übergangsstufe: er hat die Sicherheit des unbewußt richtigen Anschauens verloren, und das kausale Denken fängt er erst an zu entwickeln. Auf der männlichen Stufe ist die Person voll ausgereift. Durch den Besitz des Weibes ergänzt und gestärkt, wirft sich der Mann in das öffentliche Leben, um zu handeln und zu kämpfen. Wie sein Denken jetzt wesentlich analysierend, auflösend ist, so ist sein Handeln wesentlich angreifend, kriegerisch. Diese Periode ist die heroische seines Lebens; indessen bei der zerstörenden Kraft, die seinem Denken und Handeln innewohnt, könnte er jetzt gefährlich und verbrecherisch ausarten, wenn nicht die positive Natur in ihm selbst und von außen her sich wieder mit ihm vereinigte. Die Männlichkeit geht sofort in die Väterlichkeit über; denn die Vermählung selbst, die den Jüngling zum Manne macht, macht den Mann zum Vater.

Dies ist der Punkt, wo der dem Selbstbewußtsein zustrebende Geist umbiegt und wieder positiv wird; damit biegt er vom Leben zum Tode ab, und es ist daher die Väterlichkeit zugleich die Stufe der Reife und der Ausgangspunkt des Todes. Äußerlich tritt die Verweiblichung des Mannes dadurch an ihm hervor, daß er stärker wird, räumlicher also und stofflicher: die Natur legt gleichsam die Hand auf ihr Geschöpf, das sie langsam wieder in ihren Schoß ziehen will.

Inzwischen hat das Mädchen, durch seine Einbildungskraft und räumliches Handeln, Tätigkeit, beschäftigt, ruhig den werbenden Mann erwartet. Ihr Denkvermögen blieb, wie das des Kindes, wesentlich vorstellend, assoziierend, und ihre fertigen Einfälle waren deshalb oft zutreffender als die entwickelnden Gedanken des Mannes. Sie hat die Synthese, kann sie aber nicht durch Analyse stützen, während dem Manne zu seiner Analyse die ergänzende Synthese fehlt. Nachdem die Frau in der Hingebung an den Mann den Höhepunkt ihrer positiven Natur erreicht hat, tritt nun die männliche Seite ihres Wesens hervor: die Geschlechter beginnen ihre Wesenseigentümlichkeiten auszutauschen. Während der Mann um der Familie willen seßhaft und fürsorglich wird, wird die Mutter, durch die Pflege der Kinder dazu angeregt, tätiger und regsamer. Das Handeln des Mannes nach außen wird zum wohltätigen Wirken, die Frau kann, ausgehend von ihrem Trieb, die Kinder zu schützen, den sie auf alle Schwachen und Hilfsbedürftigen übertragen kann, zur Heldin werden und im Notfall den Vater ersetzen.

Die Reife geht über in das Alter, auf welcher Stufe die Ausgleichung der Geschlechter sich vollendet hat. Der alternde Mann wird typischer, die alternde Frau versöhnlicher; war in der Jugend der Mann der Anreger der ruhenden Frau, die seiner Beweglichkeit durch ihre Gebundenheit Halt gab, so ist sie nun die Anregerin des Erstarrenden. Den Mann nähert das Alter der vergänglichen Natur, die Frau, die ohnehin dem Tode geweiht und befreundet ist, dem unvergänglichen Geiste. Beide Geschlechter sind im Alter am schönsten; denn die Schönheit ist die höchste, die zugleich so typisch und so persönlich wie möglich ist.

Diese geistvolle Umwandlung des Kreises in die Ellipse, der Einzelexistenz in die Doppelexistenz, die bezweckt, daß das Menschenpaar immer ein Ganzes bildet, sich ergänzt, daß aber dabei doch jedes alle Seiten seines Wesens ausbildet, wird nicht mehr verstanden. Die Negativität der reifen Frau, deren Aufgabe, Kinder zu gebären und zu pflegen, während ihre Blüte vollendet werden mußte, und nicht durch selbständigen Liebesdrang gestört werden durfte, die aber dann das erlöschende Feuer des Mannes mit dem ihrigen beleben oder ersetzen soll, wird als gefährliches Alter verspottet. Allerdings kann der Plan der Natur in den abnormen Zeiten der Rückläufigkeit wegen des Überschusses an Frauen und der Unlust des Mannes zur Eheschließung, die später erörtert werden soll, weder verwirklicht noch begriffen werden.

Außer dieser natürlich-mechanischen Ergänzung, die im Menschen liegt, hat er aber auch die Möglichkeit, sich wollend und bewußt zu vervollkommnen, wenn er nämlich eine selbstbewußte, wollende Person geworden ist.

Es gibt demnach im Leben des Menschen zwei Krisen, nämlich den Beginn der Spaltung und das Ende derselben; Beginn und Ende des sich entwickelnden Lebens, an dessen Ende Kindheit und Greisenalter stehen, die neutrale und wieder neutralisierte Stufe. Das Kind hat Instinkt, d. h. den ins Geistige übertragenen Inbegriff des Gedächtnisses seiner Vorfahren; dem Greise ist dieser Instinkt zum Wissen geworden, oder: der Instinkt und die Natur des Kindes ist des Greises Erinnerung (Vergeistigung, Verewigung) geworden. Die erste Krise des Jünglings ist sein Negativwerden oder seine Selbstentzweiung, sie findet etwa zwischen dem 15. und 20. Lebensjahre statt. Die zweite Krise ist sein Positivwerden oder seine Selbstergänzung, und findet etwa um das 50. Lebensjahr statt; sie bildet den Übergang zum Alter.

Die erste Krise des Mädchens ist ihr Positivwerden oder ihre Selbstentzweiung, die zweite Krise ist ihr Negativwerden oder ihre Selbstergänzung.

Der zwischen beiden Krisen liegende Höhepunkt des Menschen ist seine höchste Zentralisation. Beide Krisen sind Dezentralisationen, die aber zu einem Zentrum hinführen.

Dieser Lebenslauf des Einzelmenschen ist auch der Lebenslauf der Menschheit und des inneren, geistigen Menschen; d. h. jede Entwicklung geht von einem unbewußten Zentrum durch Entzweiung zur selbstbewußten Zentralisation und von dieser durch Wiedervereinigung zurück zum Zentrum.

Wie der körperliche Mensch dadurch entsteht, daß die elterlichen Keime miteinander verschmelzen, so entsteht der innerliche oder geistige, die Person, dadurch, daß diese Keime, wie es sich von selbst versteht, nicht nur äußerlich, sondern auch innerlich sind, daß also im Innern des Kindes die Innerlichkeit oder Geistigkeit der Eltern sich verbinden. Dieser innerlichen Verbindung steht nichts im Wege, solange der Mann negativ und das Weib positiv ist; sie wird aber mit der zunehmenden Negativität des Weibes immer schwieriger. Folgende drei Ergebnisse sind möglich:

1. Es wird eine normale Person erzeugt, wenn Positivität und Negativität gleich sind.
2. Es wird eine abnorme Person erzeugt, wenn die Negativität überwiegt.
3. Es wird gar keine Person erzeugt, wenn die auf beiden Seiten vorhandene Positivität zu gering ist, um eine Einheit damit zu konstituieren. In diesem Falle ist der Mensch unheilbar geisteskrank (Dementia praecox).

Die Jahre, in welchen sich die Person im Inneren des Menschen ausbildet, nennt man seine Entwicklungsjahre.

Ist eine gesunde Person entstanden, so kann diese ihr Leben, das bis dahin vom elterlichen Geist bestimmt war, persönlich abwandeln aus eigener Kraft und mit Benützung der aus dem Weltall zuströmenden Kräfte. Indessen kann kein Mensch den Grundtypus des Lebens wesentlich verändern.

Dieser Grundtypus ist die Entwicklung vom Unbewußten zum Selbstbewußten, und das Urleben ist das Leben der geistwerdenden Natur. Wie das Weltall sich in jeder Zelle spiegelt, so spiegelt sich das eine Leben der sich entwickelnden Natur in unendlichen Einzelleben. Für jeden einzelnen ist nur sein Leben wirklich, und es ist auch das einzig Wirkliche; denn es ist das Leben der Natur, das er in sich spiegelt oder das er von seinem Standpunkt aus erlebt. Etwas anderes als die Entwicklung vom Unbewußten zum Bewußtsein kann kein Mensch erleben. Der Vollendete, d. h. derjenige, der diese Entwicklung ganz durchlaufen hat, kann nichts mehr erleben; er kann nur noch anderen helfen, ihre Entwicklung zu vollenden.

Lieben ist Erkennen, Spiegeln, Bewußtwerden, Verinnerlichen oder Vergeistigen; wer ganz verinnerlicht ist, stirbt; wer stirbt, geht in sein Inneres ein. Lieben, Erkennen, Bewußtwerden,

Sterben beruht alles auf der Spannung, mit welcher das Leben einsetzt. Mit dem Leben zugleich beginnt also das Sterben; jedes lebende Wesen trägt seinen Tod von Anbeginn an in sich. Der Mensch wird fortwährend liebender, bewußter, verinnerlichter und geistiger, er stirbt fortwährend. Der vollendete Mensch liebt nur noch Gott und die Natur, das ist aber alles. Der Mensch stirbt, wenn er, seinem Umfang gemäß, vollkommen bewußt geworden ist; die Menschheit stirbt, wenn sie vollkommen bewußt geworden ist.

Die ganze Entwicklung vom Unbewußten zum höchsten Selbstbewußtsein kann nicht in einem einzelnen ablaufen, sondern vollzieht sich in einer Familie. Der letzte wesentliche Sprosse einer Familie ist ihr Vollender und zugleich ihr Inbegriff.

Die Kunst, als ein Ausgleich von Spannungen, beruht auf Gegensätzen, auf Unvollendung; die vollkommensten Kunstwerke entstehen in den Zeiten großer Gegensätze. Je vollendeter die Zeit wird, desto schwächer wird im allgemeinen die Kunst. Der vollendete Mensch ist jenseits der Kunst. Einen ganz vollendeten Menschen kann es nicht geben, außer etwa im Augenblick seines Todes; denn Vollendetsein heißt alles Unbewußte in Bewußtsein verwandelt haben, und der Körper des vollendeten Menschen wäre Geist geworden, bestände, physiologisch gesprochen, nur noch aus Nerven.

Beim Kinde oder Menschen einer kindlichen Stufe verläuft die Folge von Spannungen und Ausgleichen im Raume, d. h. es spielt und bewegt sich. Beim erwachsenen, bewußten Menschen verläuft die Folge von Spannungen und Ausgleichen in der Zeit, d. h. er handelt.

Beim selbstbewußt-bewußt-unbewußten Menschen verläuft die Folge von Spannungen und Ausgleichen im Geiste, d. h. er schafft.

Beim vollständig bewußt gewordenen, innerlichen Menschen gibt es keine Spannungen und Ausgleiche mehr. Er handelt und schafft, er erlebt nicht mehr, weil er vollendet ist. Dies ist der Greis oder der eine Entwicklung abschließende Mensch.

III. Kapitel
Die Erscheinung des Menschen

Da alles Äußere die Erscheinung eines Inneren ist, so versteht sich von selbst, daß das Äußere des Menschen sein Inneres ausdrückt. Die Dreiteilung der Welt erscheint auch am menschlichen Organismus: der ganze Körper gliedert sich in Unterleib, Brust und Kopf, ebenso das Gesicht in Kinn, Nase und Stirn; das Gehirn zerfällt in der Hauptsache in Vorder-, Mittel- und Hinterhirn.

Der Unterleib mit den Ernährungs- und Fortpflanzungsorganen repräsentiert das Tier (Kind, Natur) im Menschen oder den unbewußten, räumlichen Menschen; ihnen entspricht im Antlitz Mund und Kinn.

Die Brust mit den Zirkulations- und Atmungsorganen repräsentiert den Mann im Menschen oder den selbstbewußten, geistigen Menschen; ihnen entspricht im Antlitz die Nase. Das Antlitz repräsentiert das Weib im Menschen oder den bewußten, zeitlichen Menschen; ihm entspricht im Antlitz die Stirn, die wiederum dem Becken entspricht.

Die Bewegungsorgane, die Muskeln, gehören dem unbewußten Menschen, das Vorstellungsvermögen dem bewußten, das Nervensystem dem selbstbewußten. Der unbewußte, kindlichtierische Mensch ist wesentlich spielend, der bewußte weibliche Mensch wesentlich vorstellend, der selbstbewußte, persönliche Mensch wesentlich empfindend.

Alle drei Wesen, die die menschliche Dreieinigkeit zusammensetzen, sind dem Menschen gleich wesentlich; indessen, da der Mensch vom Tier ausgeht, so ist das Tier seine Grundlage, das, worauf er sich aufbaut und welches also die Grundbedingung seines normalen Daseins ist. Ein Gesicht ohne Kinn, d. h. mit sehr verkümmertem Kinn deutet auf das Fehlen der normalen Basis und auf eine wackelige Existenz. Das Elementare, die Urtriebe sind hier gar nicht oder nur sehr schwach vorhanden. Ein schöner, großer Mund und ein festes und an Größe im Verhältnis zum übrigen Gesicht stehendes Kinn zeigen elementare Kraft und Leidenschaft an, das, woraus das Höchste und das Entsetzlichste werden kann. In allen Elementen liegt zugleich Segen und Verderben, Gutes und Böses; es kommt auf den Geist an, der sie lenkt. Das Tier ist in keinem Falle verantwortlich, da es unbewußt ist; so geben auch im Menschen Mann und Weib, der negative und positive Geist, den Ausschlag. Die unendliche Mannigfaltigkeit der Nasen- und Mundbildung ist leicht auszulegen; ein schöner, zierlicher Mund mit zierlichem Kinn zeigt an, daß hier kein reißendes, sondern ein sanftes, friedliches Tier vorhanden ist; ein häßlich-großer Mund und vortretendes Kinn verraten verbrecherische Triebe.

Der Mund ist nicht nur das essende, sondern auch das sprechende, singende und küssende Glied; er bezeichnet den Punkt, wo das Unbewußte bewußt wird. Insofern sieht man am Munde hauptsächlich, wie der Mensch als Sichäußernder beschaffen, ob er verschwenderisch oder geizig, offen oder verschlossen ist. Der volle Mund gehört der Natur an und drückt ihre Fülle und Verschwendung aus; der schöne weibliche Mund, nicht voll, nicht schmal, edles Maß; der Mund des innerlichen, geistigen Menschen ist dünnlippig, manchmal verkniffen, und bedeutet Geiz und widerwilliges Sichäußern; denn der Geist spart, die Natur verschwendet. Auf den unteren Stufen der Entwicklung werden Samen und Eier millionenweise hervorgebracht; je höher sie steigt, desto geringer wird die Zahl der Nachkommenschaft bei desto aufmerksamerer und längerer Brutpflege, bis endlich die Regel gilt: unum sed leonem.

Das überlange Kinn ist das Zeichen der schwächer gewordenen Kraft, das Zeichen der Auflösung der Dreieinigkeit. Hier hat vorhandene Bestialität zur inneren Selbstverneinung und Selbstzerstörung geführt: es liegt also ein Grad von Geisteskrankheit vor. Als sprechendes Beispiel fällt einem sofort das lange Kinn und die hängende Unterlippe der habsburgischen Familie ein, einer Familie, die, ursprünglich raubtierhaft, wie fast alle herrschenden Familien der früheren Jahrhunderte, geisteskrank wurde, d. h. der Selbstzerstörung und -auflösung anheimfiel. Es ist bezeichnend, daß jedem Menschen im Zustande der Erschöpfung das Kinn länger wird: im Tode öffnet sich der Mund, und das Kinn klappt herunter, ein Gesichtszustand, den man auf Bildern der althabsburgischen Kaiser oft beobachten kann. Das lange, schwache Kinn der Amerikaner zeigt ausgeleierte, Gespenst gewordene Tierheit an.

Ist das Kinn die Grundlage des Gesichtes, so soll es doch von der Stirn überwogen werden. Die Stirn ist die Sonne im Antlitz, das Strahlende, das zuerst ins Auge fallen soll; nicht vom Sitze der elementaren Kraft, sondern vom Thron des Geistes aus soll der Mensch herrschen. Die verhältnismäßig niedrige Stirn ist für das Gesicht des modernen Menschen charakteristisch und nähert es häufig dem Verbrechertypus; denn die enge, niedrige Stirn bezeichnet, mit brutalem Untergesicht verbunden, den Verbrecher.

Es ist das Weib im Menschen, das sich in Stirn und Auge offenbart; eine hohe und breite Stirn ist das erste Erfordernis weiblicher Schönheit. Man sieht der Stirn an, daß sie Geist birgt, nicht männlichen, entwickelnden Geist, sondern den innerlichen, positiven, der in zutreffenden Einfällen, aus unerschöpflichem Füllhorn verschwendeten Wundern überraschend zutage tritt. Das Weib hat wirklich Geist, d. h. es ist im Besitz des ganzen Geistesschatzes, der Ideen; nur bedarf es des negativen, männlichen Geistes, um zur Spendung seines Reichtums erregt zu werden. So besitzt im Körperlichen das Weib die Keime der neuen Menschen, die Eier; aber der zeugende Mann muß sie zum Gebären erregen.

In den Augen liegt das Erkennen und Anschauen, und zwar sind schmale, längliche Augen mehr ins Innere, große, runde mehr aufs Äußere gerichtet; jene wirken geistiger, diese sinnlicher. Wenn Stirn und Nase noch verbunden sind wie beim griechischen Typus, so zeigt das an, daß negativer und positiver Geist, Männlichkeit und Weiblichkeit, hier noch nicht scharf voneinander geschieden sind, daß der Mensch noch nicht im vollen Besitze des Selbstbewußtseins ist. Zu diesem Typus gehört notwendig entsprechend großer Mund und starkes Kinn, da er ja eine frühe Entwicklungsstufe bezeichnet. Diese Menschen sind geborene Künstler, aber sie können nur typische Kunst hervorbringen, da ihnen die Persönlichkeit fehlt; auch sind sie, da ihr Geschlechtssinn noch gebunden ist, der erst bei größerer Differenzierung des Männlichen und Weiblichen hervortritt, nicht Dichter und Musiker, sondern wesentlich bildende Künstler. Sie haben ferner weder positiven noch negativen Geist, d. h. ihr Geist ist noch neutral, sie sind wesentlich schöne, unbewußte Tiere. Daher schreibt sich der Zug unbewußter Schwermut in den schönen Gesichtern der griechischen Kunst: das auf Erlösung Harrende, derselbe Zug, der an Tieren für den Menschen – der Natur gegenüber Geist – etwas so Hinreißendes und Rührendes hat.

Die griechische Verschmelzung von Stirn und Nase ist das Merkmal eines republikanischen Volkes, eines Volkes nämlich, in dem der einzelne, als nicht sehr selbstbewußt hervortretend, sich dem Ganzen willig einfügt. Die durch das Scherbengericht verbannten Griechen, denen man oft mehr Gutes als Böses nachzusagen hatte, waren jedenfalls markante Persönlichkeiten, die in dem typischen Volke unwillkürlich als Störenfriede, als die Unharmonischen, empfunden wurden. Man findet den griechischen Typus häufig in der Schweiz, dem einzigen wirklich republikanischen Volke des Abendlandes, und die Schweizer sind auch sehr empfänglich für schöne, harmonische Persönlichkeit, sehr empfindlich gegen irgendeine hervorstechende Persönlichkeit. Sie bewundern solche allenfalls bei Fremden, dulden sie aber nicht unter sich. Die Engländer, teils monarchisch, teils republikanisch, haben viel markante und viel typische Persönlichkeit; beide, das Original wie der Typus, werden als einheimisch, als der englischen Nation wesentlich empfunden. Ein durchaus monarchisch-aristokratisches Volk sind die Deutschen, wie es denn auch kein Volk gibt, wo die kleine, unbedeutende, verschwommene Nase so allgemein ist; der herrschenden Klasse dagegen sind sehr hervortretende Nasen eigentümlich.

Die Nase, die im Antlitz den Mann repräsentiert, gibt dem Gesicht seinen Charakter, wie es ja auch die Persönlichkeit ist, die für die entscheidende Wirkung des Menschen den Ausschlag gibt. Nirgends zeigt sich die Symbolik des menschlichen Äußern schlagender, als in der wesentlichen Veränderung des antiken Gesichtes durch das Vorspringen der Nase; es macht die Losreißung des Geistes von der Natur, das Selbstbewußtwerden sinnfällig. Durch das Vorspringen der Nase hat das Antlitz an typischer Schönheit verloren, die persönliche Schönheit und unendliche Mannigfaltigkeit ist dadurch erst geschaffen.

Den Charakter zeigt die Nase (wie übrigens auch das Kinn) dadurch an, daß sie das Skelett vorführt. Zuweilen täuschen fleischige Nasen Kraft vor, der nichts Inneres entspricht; diese verlieren mit den Jahren die Form, wodurch das Gesicht unschön wird. Eine kleine Nase wirkt kindlich, primitiv, und wenn sie sehr klein ist, schwach; da die Persönlichkeit noch unentwickelt ist, fehlt es an Wollen, Initiative, Selbständigkeit. Die prominente, große Nase ist das Merkmal des Herrschers, der durch seine Persönlichkeit sich alles unterwirft, auch ohne sein Dazutun. Zugleich zeigt die große Nase den religiösen Menschen, der, in voller Erkenntnis seines Selbst, sich als Ebenbild des persönlichen Gottes erfaßt. Namentlich spricht die mit einem zierlichen Kinn verbundene große Nase für schöne Religiosität, die Gottes- und Menschenliebe vereinigt; als ein Beispiel dafür wird vielen sofort Lavater einfallen.

Zur großen Nase gehört ein entsprechend großes Kinn, namentlich aber eine entsprechend große Stirn: ein Mittelpunkt ohne Peripherie ist ein Unding, eine starke Persönlichkeit ohne Grundlage und Gehalt hat etwas Lächerliches und Abstoßendes. Die Nase beherrscht das Antlitz; ist nichts Rechtes zum Beherrschen da, so liegt eine anspruchsvolle und vordringliche, eitle und leere Persönlichkeit vor.

Weite Nüstern drücken Genußfähigkeit aus: man sieht die Seele, die das Leben verschlingen möchte; sie werden sich gewöhnlich mit vollen Lippen zusammen finden.

Ein Gesicht mit schöner Nase kann nicht häßlich, ein Gesicht mit häßlicher Nase kann nicht schön sein; sie ist so ausschlaggebend für das Gesicht, wie der Mann für den Charakter der Familie.

An der Frau ist die große Nase störend, weil die Frau die wesentlich Bewußte, nicht die wesentlich Selbstbewußte ist. Man erwartet von der Frau bis zu einem gewissen Grade Innerlichkeit und Zurückhaltung, während die große Nase Hervortreten- und Herrschenwollen verrät. Andererseits entstellt die übermäßig kleine Nase die Frau nicht so sehr wie den Mann.

Eine alte, ich glaube griechische Schönheitsregel verlangt, daß Stirn, Nase und Kinn gleich lang seien, die Nase von der Wurzel an bis an den Punkt, wo die Oberlippe an die Nase stößt; das heißt: Vorstellungsvermögen, Willenskraft und Tatkraft sollen gleich stark sein. Danach müßte Napoleon, von dem gesagt wurde, er wisse alles, wolle alles und könne alles, ein schönes, harmonisches Gesicht gehabt haben.

Arme und Beine stellen den sich in Zeit und Raum bewegenden, den tätigen und handelnden Menschen dar. Der Arm mit der Hand ist das natürliche Werkzeug des Menschen, und es ist bezeichnend, daß von dem Worte Hand die Zeitwörter handeln, hantieren abstammen. Die Hand ist ein besonders ausdrucksvolles Glied, und es ist nicht unberechtigt, wenn auf eine wohlgebildete Hand unwillkürlich ebensoviel oder mehr Wert als auf ein schönes Gesicht gelegt wird. Die mehr schmale als breite, mittelgroße Hand der Frau macht uns sofort ihr harmonisches Walten im häuslichen Bezirk, ihr sanftes Pflegen deutlich, die große, kräftige und geschickte Hand des Mannes sein herzhaftes Zugreifen und Helfen. Mit unbefangenem Blick sieht man der Hand sofort an, wie der, zu dem sie gehört, handeln und Menschen behandeln kann. Täuscht einen im Gesicht etwa vorhandener guter Wille oder Selbstbeherrschung, so verrät die grobe, harte Hand unwidersprechlich, wie grausam sie anfassen und quälen, der Fuß, wie tückisch er schleichen oder wie nichtachtend er zertreten kann.

Kurze Arme scheinen gehemmte Entwickelung anzudeuten.

Die im Verhältnis zum Rumpf kurzen Beine sind ein Abzeichen der Weiblichkeit und hängen mit den Funktionen der Mütterlichkeit, dem breiten Becken, zusammen; die Frau wirkt nicht nach außen, sondern läßt die Frucht im Innern reifen. In diesem Zusammenhange wird es klar, warum die großen Künstler verhältnismäßig kurze Beine haben: sie bilden geistige Organismen wie die Frau räumliche.

Eine breite und hohe Stirn geht gewöhnlich mit breiten Hüften zusammen, denn sie ist ja das Zeichen der Weiblichkeit, und der Stirn im Antlitz entspricht das Becken im Körper. Mit ihrer Stirn vererbt die Mutter dem Sohne ihren Intellekt. Hat ein solcher Mann keine untersetzte Figur, sondern im Verhältnis lange Beine, so deutet das darauf, daß die Mutter sehr vergeistigt war, daß sie entweder einen ebenfalls sehr geistigen Mann hatte, oder, falls dieser positiv war, daß sie ihren Sohn anstatt nach dem Bilde ihres Mannes nach dem Bilde ihres Vaters machte. Ein solcher Mann ist also einseitig konstituiert, und es fehlt ihm an Positivität, Natur. (S. Kapitel VII.)

Überlange Arme und Beine bedeuten, wie das überlange Kinn, Kraft, die Schwäche geworden ist, und werden auch unwillkürlich allgemein als Zeichen von Dekadenz begriffen. Die überlange, schmale Hand ist ein erstorbenes Werkzeug; ist sie sehr schön geformt, könnte man sie den Leichnam eines Künstlers nennen.

Von den Organen, die man die vegetativen nennt, gleichsam die Urorgane, ist der Magen mit dem Darm das dem unbewußten, tatkräftigen Menschen wesentliche. Dies Organ, das Symbol der Tierheit, selbst ein Tier, ein allesfressendes, das sich von seinesgleichen wie auch von seinen Vorfahren, den Pflanzen nährt, fing an sich zu verneinen, als der Mensch, auf der Höhe des Bewußtseins angelangt, seine Tierheit, sein unbewußt zerstörendes Handeln verneinte. Seitdem wurde er immer schwächer, die tierische Nahrung bewältigt er nicht mehr und muß mit pflanzlicher gefristet werden. An diesem Organ sterben im allgemeinen die unbewußten Menschen.

Mit dem Bewußtsein war auch die Geschlechtsliebe auf den höchsten Grad gestiegen, im 16. Jahrhundert, und damals nahmen auch die Geschlechtskrankheiten ihren Anfang.

Während das Weib an Kopfschmerzen und den Organen der Mütterlichkeit zu leiden pflegt, sind die Erkrankungen des Herzens (Arterienverkalkung) und der Lunge dem Manne wesentlich.

Mit dem zunehmenden Selbstbewußtsein begannen die Leiden des Nervensystems, des höchsten Organes. Nervöse Störungen in einem Organ sind eigentlich sein Bewußtwerden und deuten somit sein beginnendes Sterben an.

Völligkeit des Körpers ist weiblich, Magerkeit und Schlankheit männlich und geistig; der Geist verzehrt die Materie wie Licht und Feuer. Das Weib bedarf des Stoffes, um ihre Kunstwerke, die Kinder, daraus zu bilden. Hat sie das Werk vollendet, so verliert sie an Völligkeit und wird mager, während der Mann zunimmt, der inzwischen sein geistiges Werk vollbracht hat; denn eine gewisse Menge von Stoff gehört notwendig zum ganzen Menschen.

Schwarzes Haar ist positiv, das Haar des primitiven, unbewußten Menschen, braunes Haar neutral, blondes Haar negativ (die blonde Bestie). Rotes Haar, die Feuerfarbe, bedeutet die äußerste Negation, es ist das Haar der Loreleien und Zauberer, destruktiver, nur erregender, nicht gebender Menschen.

IV. Kapitel
Der Held

Alles Lebendige unterliegt der Polarität des Negativen und Positiven; es kann vergens ad malum oder vergens ad bonum sein. Der handelnde Mensch ist entweder dem Heldenhaften oder dem Verbrecherischen zugewendet.

Der handelnde Mensch ist der zeitliche, und wie die Zeit dem Raume gegenüber negativ ist, so ist das Handeln an sich negativ: Handeln an sich ist Zerstören.

Der Zerstörer ist der Verbrecher, und jedes Verbrechen ist ein Zerstören; Übertretung von Verboten aus äußeren Gründen ist kein Verbrechen, außer wenn etwas Zerstörendes darin liegt. Da das Weib als solches nichthandelnd ist, außer vom Standpunkte der Mutterliebe aus, kann sie keine Verbrecherin sein; der weibliche Verbrecher ist eine Abnormität.

Das Destruktive des Handelns wird deutlich, wenn man sich vorstellt, die Masse, die der Bildhauer knetet, empfände; in diesem Falle würde das Geknetetwerden für sie ein Leiden bedeuten. Die Menschen, welche das Mittel des Handelnden sind, leiden selbst dann, wenn der Handelnde die Absicht hat, ihnen wohlzutun; denn durch Handeln wird immer ein Zustand verändert, und diejenigen, deren Zustand verändert wird, müssen mehr oder weniger leiden. Dies ist der Sinn des Goetheschen Wortes: Du mußt Hammer oder Amboß sein; d. h. du mußt entweder handelnd Leiden zufügen oder nichthandelnd dir Leiden zufügen lassen. Der Widerstand, den der Leidende dem Handelnden naturgemäß entgegensetzt, verstärkt den Aktionstrieb und macht ihn immer destruktiver; aber auch widerstandsloses Leiden verstärkt ihn, wenn nicht eine Korrektur des Handelns durch Mitleid hinzukommt.

Es ist öfters bemerkt worden, die Helden der Sage und alten Geschichte wären eigentlich Verbrecher, was zuträfe, wenn man Menschen Verbrecher nennen könnte, die sich der Verwerflichkeit ihres Tuns nicht bewußt sind; aber die Helden der kindlichen Epoche waren naiv, und man tadelt die Verwüstungen, die sie anrichten, so wenig wie das Raubtier, das seine Beute zerreißt.

Der naiv heldenhafte, destruktive Mensch ist ein wundervolles Raubtier mit starker Sexualität, starkem Aktionstrieb, starkem Verstande, scharfen Sinnen und künstlerischer Begabung, die sich nur deshalb nicht äußert, weil der Handelnde wesentlich in der Zeit, nicht im Geiste lebt. Mit dem Zunehmen des Bewußtseins indessen nimmt die Wucht des naiven Handelns ab; denn wie der Mensch sich selbst erkennt, fängt er auch die anderen als ähnliche Wesen zu erkennen an und mißt an seinem eigenen ihr Leiden. Dies ist der Punkt, wo aus dem naiv destruktiven Helden der tragische Held wird.

Die Helden im Kindheitsalter der Menschen waren unbekümmerte Raufbolde; die infolge der herrschenden Ungeistigkeit und Unpersönlichkeit geringe Schätzung des Lebens machte, daß sie Blutvergießen nicht als Schuld empfanden, auch kämpften sie nicht für sich persönlich, sondern im Dienste einer Gesamtheit, sei es Familie oder Genossenschaft oder Staat.

Vertreter dieses Typus sind bekannt. Als typischen Helden der Jünglingsstufe nenne ich Alexander den Großen, den Schweifenden, Abenteuernden. Er hat bereits einen tragischen Hauch, den die mittelalterliche Auffassung fein herausfühlt, wenn sie ihn seine Züge bis an die Pforte des Paradieses ausdehnen läßt, wo der Unaufhaltsame zurückgewiesen wird.

Ganz naive Helden gibt es seit dem Christentum kaum noch; aber erst mit dem 16. Jahrhundert beginnt die eigentliche Selbstverneinung des Handelnden und schafft die Menschheit die Gestalt des tragischen Helden. Mit der Einsicht, daß Handeln Zerstören ist, verliert der Held den unbedingten Glauben an sich, der ihm ermöglichte, seine fabelhaften Taten zu tun: So macht Gewissen Feige aus uns allen. Er muß das Handeln verneinen, und da er dies nicht kann, denn Handeln ist sein Wesen, bleibt ihm nichts anderes, als sich selbst zu verneinen. Sein Zerstörungstrieb kehrt sich gegen sich selbst; man kann auch sagen, er opfert sich, um nicht mehr andere zu opfern.

Shakespeare und Schiller haben die größten tragischen Helden der Dichtung geschaffen, mit dem Unterschied, daß Schiller ein männlich-destruktiver Mann war, der sich von der Idee aus verneinte, Shakespeare aber, weiblich, wohl von vornherein eher anschauend als handelnd war. Etwa um die Jahrhundertwende beschwor Shakespeare den ersten aller tragischen Helden und aller folgenden Urbild: Hamlet, der, weil er den anderen in sich und die anderen draußen erkannt hat, weil er aus der Zeit heraus in den Geist eingetreten ist, nicht mehr handeln kann. Er sieht, daß alles Handeln Zerstören ist, daß alle zerstören, weil sie handeln, daß er selbst zerstören müßte, wenn er handelte, und verneint darum das Leben sowie sich selbst.

Die meisten der Schillerschen Helden befinden sich mehr in einer tragischen Lage, d. h. in einem unlösbaren Konflikt, als daß sie wesentlich tragisch wären; Wallenstein jedoch gibt durch die visionäre Einsicht, mit der er zuweilen Blicke in den Abgrund seiner dämonischen Seele tut, reichen Aufschluß über den zwischen dem naiven Gefühl seines Rechtes und dem dunklen Begreifen seiner Verwerflichkeit schwankenden, destruktiven Menschen.

Die bedeutendste und zugleich neue tragische Figur, die Schiller geschaffen hat, ist Philipp II., der die Spitze des Selbstbewußtseins erreicht hat und in der eisigen Melancholie des Alleinseins mit sich nach einem Menschen verlangt, den er lieben könnte, und durch den er sich mit der Natur versöhnte, der aber, wie der Ewige Jude, bei aller Sehnsucht zu lieben und zu sterben, wider Willen getrieben wird, zu leben und zu hassen.

Unter den historischen Helden der Umkehrungs-Epoche ist Gustav Adolf besonders anziehend, dessen leuchtende Gestalt nur eine leise Ahnung seines destruktiven Wesens tragisch umwittert.

Wie der Held, anstatt sein Selbst zu verneinen, sein Selbst vervollkommnen, die Umbiegung vollziehen kann, zu der die Natur die Neigung und Möglichkeit in alle Menschen gelegt hat, zeigt Garibaldi, der seinen leidenschaftlichen Aktionstrieb nicht nur in den Dienst seiner Idee stellte, sondern ihr auch unterordnete. Dies wurde ihm allerdings dadurch erleichtert, daß er, wie auch sein Äußeres anzeigte, ein antiker Mensch, von nicht hervorragender Persönlichkeit war. Während seiner ganzen Laufbahn sieht man den Kampf zwischen seinem Drang zu handeln und zu siegen und seiner Liebe zu den Menschen, der in fast allen Fällen damit endet, daß er sich selbst opfert, um nicht andere zu opfern. Hier sieht man den Übergang vom Helden zum Heiligen. Wie der Vater um seiner Familie willen aus einem Beweglichen, Umsichgreifenden zu einem Sichselbstbeschränkenden wird, so wird der Heilige aus einem naiv destruktiv Handelnden zu einem selbstlos Guthandelnden. Durch die Liebe ist aus einem negativen destruktiven Handeln positives hilfreiches Handeln geworden. Andere Heilige bilden das Seitenstück zu Hamlet, indem sie sich aus dem Zeitlichen ins Geistige wenden und überhaupt aufhören zu handeln.

V. Kapitel
Der Schaffende

Der bewußte Mensch ist der eigentlich weibliche Mensch, in dem sich die positive Natur und der negative Geist neutralisieren. Der bewußte Geist ist der Spiegel der Welt und darum im Besitze von Ideen, d. h. adäquaten Weltbildern. Er denkt nicht blind kausal wie die unbewußte Natur, sondern bildlich, gegenständlich, vorstellend. An die Frau, die diesen Geist repräsentiert, dachte Goethe, als er sagte: Das Ewig-Weibliche zieht uns hinan. Es ist das Innere, der Geist, oder die innere Seite der Natur, die Natur von innen gesehen, nicht der bewegte, wollende Geist. In der religiösen Dreieinigkeit ist es Gott-Vater, der Geist schlechthin, der unbewegt bleibt und der Erde nur als Heiliger Geist oder im Sohne vermenschlicht erscheinen kann. Im Besitz der Weltbilder ist dieser ruhende Geist das Maß der Dinge und wirkt hemmend auf den zeugenden selbstbewußten Geist und die schaffende Natur. Dieser weibliche Geist ist nicht tätig, nicht schaffend, nur ein anschauendes, allwissendes Auge. Die Negativität, das Bewußtsein muß den Strom der natürlichen Produktivität hemmen, damit überhaupt etwas entstehe, und damit etwas Wesentliches entstehe. Ist die Negativität, der Geist, zu schwach, so kommt viel, aber Unwesentliches, Unbedeutendes zustande, die zahllosen, unbedeutenden Produkte, die wie Gras auftauchen, verschwinden und vergessen werden.

Das Genie ist der universale Mensch, die Dreieinheit, in der alle drei Wesen gleich stark vertreten sind: der unbewußte, natürliche, der bewußte, weibliche, der selbstbewußte, männliche Mensch. Als bewußter Mensch hat er Ideen, als unbewußter kann er sie gestalten, als persönlicher faßt er das Gestaltete zur Einheit zusammen und prägt ihm sein Antlitz auf.

Ganz gleich können die drei Wesen in der Wirklichkeit niemals sein, immer muß eins zurücktreten, eins überragen. In Goethe war die persönliche Seite, obwohl auch stark, doch nicht so stark wie die unbewußte und bewußte. Schiller war vorwiegend männlich, das natürlich Unbewußte und bewußt Weibliche trat bei ihm zurück. Schiller hatte wenig Ideen, Weltbilder; er bestritt seine Dichtung fast ganz aus seiner hervorragenden Persönlichkeit. Von allen großen Dichtern der objektivste war Shakespeare, reiner Spiegel der Welt, der vornehmlich durch die Fülle seiner Bilder entzückt. Er war bei weitem nicht so männlich-rhythmisch wie Schiller und nicht so natürlich-kindlich wie Goethe.

Was das Bewußtsein schaut, gestaltet die Natur; ihr Schaffen ist vollkommen unbewußt, d. h. mechanisch. Ihr räumliches Schaffen verwirklicht geometrische Figuren, die, da die sich entwickelnde Natur, auch die anorganische, stets elementar bewegt ist, nie ganz rein zum Ausdruck kommen. Ihr zeitliches Schaffen ist rhythmisch, ihr geistiges, innerliches kausal. Man muß unterscheiden zwischen dem absoluten, elementaren, männlichen Denken und dem gegenständlichen, vorstellenden, weiblichen Denken. Das erstere ist das des wissenschaftlichen, das zweite das des künstlerischen Menschen. Das künstlerische, weibliche Denken geht intuitiv, als Einfall, vor sich, das männliche entwickelt sich kausal. Der künstlerisch Denkende ist der Geistvolle, er ist voll, reich an Geist, an Ideen, die ihm vermittels Assoziationen, oft nicht ins Bewußtsein tretenden, einfallen. Der wissenschaftliche Denker gräbt mühsam einen Schacht, um schließlich ein gesichertes Gut ans Licht zu bringen, der Geistvolle verschwendet unbekümmert aus unerschöpflichem Schatze. Das erste Denken der bewußtwerdenden Geschöpfe ist absolutes, kausales Denken, also Mathematik; es ist daher kein Wunder, daß Tiere rechnen können. Das absolute, mechanische Denken geht dem vorstellenden, assoziierenden weit vor, aus welchem Grunde die mathematischen Wissenschaften sich zuerst entfalten und die mathematischen Philosophen die älteren sind. Das elementare Denken ist dem Weben der Spinne oder der Seidenraupe zu vergleichen; mit unfehlbarer Sicherheit wird Faden um Faden geschlungen, Masche an Masche gereiht. Diese natürliche Denkweise tritt desto mehr zurück, je mehr das vorstellende, gegenständliche Denken sich entwickelt; Menschen, die in das letztere sehr vertieft sind, haben oft Mühe, es gleichsam zurückzuschieben und die alte Weise wieder zu erwecken. So erklärt es sich, daß einfache, einfältige, ja schwachsinnige Menschen oft ausgezeichnete Mathematiker sind. Die wunderbare Schnelligkeit, mit der gewisse Menschen höchst schwierige mathematische Aufgaben lösen, beruht darauf, daß das absolute Denken zeitlos ist, sowie es nur wirklich rein von allem Gegenständlichen ist. Ebenso sind auch die Träume des tiefen Schlafes zeitlos.

Ebenso wie das mathematische Denken dem vorstellenden, geht auch die kontrapunktische Musik der melodisch-harmonischen voran.

Alles unbewußte Schaffen der Natur ist ein Bauen und Bilden nach typischer Form; die Natur ist wesentlich architektonisch. Die Architektur ist deshalb die Urkunst, und in allen Künsten ist der architektonische, gestaltende Teil der elementare, unbewußte und grundlegende.

Es gibt eine Raumkunst und eine Zeitkunst, die Architektur und die Musik; Plastik und Malerei sind zuerst nur Dekoration der Architektur, die Poesie nur eine Dekoration der Musik. Bereits die Urtiere bauen aus dem in ihnen vorhandenen Kiesel äußere Skelette oder Schutzhüllen, d. h. Häuser. Das Bauen der Tiere entspringt dem Triebe, sich eine innere und äußere Stütze zu verschaffen: das Haus ist nichts anderes als ein äußeres Körpergerüst und ist den körperlichen Verhältnissen und Bedürfnissen der bauenden Geschöpfe angepaßt. Viel später kommt unter den Tieren die Musik zum Ausdruck, und zwar im Zusammenhang mit dem Erwachen des Bewußtseins und dem Erwachen der Liebe: der Vogel, das wesentlich bewegliche, liebende, geistige Tier singt während der Brunstzeit. Ist das Bauen der Trieb, das Skelett nach außen zu wenden, seine Körperlichkeit zu äußern, so ist die Musik der Trieb, die Innerlichkeit, den erwachenden Geist zu äußern. Die Musik entspringt der Natur im Augenblick erster Bewußtseinsregungen, während die Architektur von der unbewußten Natur ausgeht, um sich dem bewußten Geist allmählich zu nähern. Die Architektur und die Musik, die beiden Urkünste, sind beide gegenstandslos. Die Natur formt nur, den Inhalt gibt erst das Bewußtsein.

Poesie, Malerei und Plastik sind gegenständlich und dadurch aus dem Reich der reinen Form in das Reich des Bewußtseins hineingezogen; es ist also ihre vornehmste Aufgabe, den Gegenstand so durch die Form zu bezwingen, daß er nicht als solcher mehr wirkt, sondern ganz in die Form eingeht. Dadurch wird der Gegenstand typisch, die Form persönlich. Poesie, Malerei und Plastik sind die persönlichen Künste, und zwar die Poesie am meisten, die Plastik am wenigsten; von der Wurzel des Bewußtseins ausgehend, schlagen sie den Bogen nach dem Unbewußten, der Form. Umgekehrt gehen Architektur und Musik vom Unbewußten aus und schlagen den Bogen nach dem persönlichen.

Das göttliche Vorrecht des Dichters, Malers und Plastikers ist deshalb das Menschenschaffen. Hier sitz' ich und forme Menschen nach meinem Bilde, läßt Goethe den Prometheus sagen. Der Lyriker schafft nur sich selbst, und zwar von innen her; der Dichter die Menschheit, und zwar als Ganzes von außen. Indessen auf der höchsten Stufe der Entwicklung schaffen auch Dichter, Maler und Plastiker das, womit Musik und Architektur begannen: Raum und Zeit selbst.

Der Stil beginnt eine wesentliche Rolle erst in der nachchristlichen Zeit zu spielen. Der natürliche, typische Mensch wirkt schön, wenn er sich unmittelbar äußert; der persönliche, vom Typischen abweichende Mensch muß den Ausdruck seiner Persönlichkeit in der Kunst typisieren, damit sie Form werde. Weil nun der nachchristliche Mensch nicht mehr typisch, sondern persönlich war, begann mit diesem Zeitpunkt das Stilisieren und erreichte seinen Höhepunkt in der Zeit der höchsten Persönlichkeitsentwicklung, im 17. Jahrhundert. Je mehr persönliche Eigenart, desto mehr Stilisierung; ein vollkommen harmonischer Künstler wäre des Stilisierens überhoben.

Jedes Kunstwerk ist wie der Mensch ein dreieiniger Organismus aus Geist, Natur und Seele, oder man kann sagen, aus Geist und Natur, gleichsam Vater und Mutter, entspringend, wird es durch die Seele, die neue Person, verbunden. Jedes Kunstwerk hat einen unbewußten, natürlichen, einen bewußten, geistigen, und einen selbstbewußten, persönlichen Teil; der bewußte ist die Idee des Ganzen, der unbewußte die Konstruktion, der persönliche die Dekoration. Die Konstruktion ist das Gerüst, die Anordnung, Verteilung, Gliederung der Masse; das Dekorative in der bildenden Kunst die Linienführung, in der Musik die Melodie, in der Poesie der Stil. Die Idee des Ganzen spricht sich aus im Umriß.

Wie die unbewußte Natur, das Positive, die Grundlage für den Menschen bildet, ebenso für die Kunst und wie bei zu großer Entfernung vom positiven ein abnormer Mensch entsteht, so im selben Falle eine abnorme Kunst. Seit dem letzten halben Jahrhundert etwa ist der Mensch sowie die Kunst abnorm geworden.

Nachdem das Unbewußte bis zu einem hohen Grade in Selbstbewußtsein verwandelt war, blieb dem Menschen nicht mehr Naturkraft genug, um innerlich zu bauen. Als nun die Menschen, die sich schaffend äußern wollten, bemerkten, daß ihnen nichts mehr wuchs, daß nichts Organisches mehr von innen her zusammenschoß, verfielen sie darauf, durch Zusammensetzung von außen einen künstlichen Organismus zu bilden. Die neue Kunst beruht auf der, der Großartigkeit nicht ermangelnden Absicht, künstlich Leben zu schaffen; mit Ausschaltung der Natur soll der Geist gestalten, anstatt aus der Wurzel soll der Baum aus der Krone entspringen. Immer mehr beruhen die künstlerischen Leistungen ganz auf der Persönlichkeit, die ursprünglich das Werk nur prägte. Beispielsweise bestand der Tanz früher wesentlich in gewissen Bewegungsleistungen, gleichviel ob diese schön oder nicht schön waren; jetzt hingegen wird er zu einer bloßen Schaustellung der Persönlichkeit, und zwar verlangt man dieselbe weit weniger schön und musterhaft als eigenartig. Die objektive Leistung tritt zurück gegenüber der persönlichen Prägung nicht nur in allen Künsten, sondern auf allen Lebensgebieten. Reiste man früher, um den Charakter einer Stadt oder eines Landes kennen zu lernen, so sucht man jetzt nur Stimmungen und persönliche Erlebnisse, d. h. die eigene Persönlichkeit soll durch die Persönlichkeit der Stadt oder des Landes gesteigert empfunden werden. Man will nicht mehr von den Elementen ausgehend die fremde Erscheinung aufbauen und sich aneignen, sondern man will von vornherein nur ihren Duft und Schmelz, als bestände darin der Wert des Ganzen. Vom Willen anstatt von der Kraft ausgehend, glaubt jeder, alles machen zu können, insofern mit Recht, als er doch nichts anderes machen will als sich selbst. Dies Selbst nun aber, obwohl eigensinnig abweichend, wirkt doch in der Regel nicht durchschlagend persönlich, weil das Leben, die Natur fehlt, die allein das Individuelle wirklich machen kann; die von der Natur losgelöste Eigenart wirkt zuletzt zwar nicht als Typus, aber als Schablone, entseelte, unendlich wiederholbare Persönlichkeit.

In der Musik bildete den Scheidepunkt Bach, der noch ganz im Besitze der reinen Form war, dessen Werke ein staunenswertes architektonisch-mathematisches Gerüst sind, die er nun aber zum ersten Male mit einem Inhalt, mit persönlicher Empfindung erfüllte. Dies steigerte Beethoven so, daß man ihn schon fast wesentlich Dichter nennen könnte. Richard Wagner schlug die neue Richtung ein, indem er nicht mehr baute, sang und dichtete, sondern schriftstellerte, d. h. zusammensetzte. Etwas Ähnliches kann man in allen Künsten beobachten. Je ausgesprochener der neue Weg gegangen wird, desto mehr kehrt man zum Primitiven zurück, aber dies Primitive mutet sonderbar greisenhaft an. Die Malerei greift zum gegenstandslosen Ornament, die Poesie erinnert sich ihrer ursprünglichen Verbindung mit der Musik und möchte gleichfalls gegenstandslos, d. h. rhythmisch wirken. Leidenschaftlich wird die Form analysiert, damit man sie nachher bewußt zusammensetzen kann, sowie die Chemie synthetische Edelsteine herstellt. Zunächst haben alle diese Kunstexperimente noch etwas durchaus Lebloses; der Geist schlummert nicht darin wie in der unbewußten Natur, sondern sie sind geist- und seelenlos, nicht einmal totgeboren, sondern niemals Keim gewesen.

VI. Kapitel
Der selbstbewußte, persönliche Mensch

Es gibt eigentlich nur drei Elemente, nämlich Wasser, Feuer und Luft. Das Wasser ist räumlich und positiv, das Feuer geistig und negativ, die Luft seelisch verbindend. Das Feuer aber umgibt sich, um dem Leben zugänglich zu werden, mit einer Hülle von Erde und wird dadurch das Element des Menschen, in dessen Bewußtsein sich Positives und Negatives neutralisiert. So wenig wie Semele die Umarmung des Gottes in seiner göttlichen Majestät ertragen konnte, so wenig erträgt die Natur den absoluten Geist, das absolute Feuer, es erscheint nur verkleidet entweder in irdischer oder ätherischer Hülle.

Aus dem Wasser taucht das Leben und die Schönheit und betritt die Erde; von der Erde erhebt sich das Leben in die Luft. Es war eine ungeheuere Tat, daß das Tier seine vorderen Gliedmaßen in Flügel verwandelte und den Flug wagte, ein Vorspiel zum Menschwerden. Noch jetzt, während die Jungen der Wasser- und Erdtiere ohne weiteres schwimmen und laufen können, müssen die jungen Vögel zum Erlernen des Fliegens fast gezwungen werden; können sie es einmal, so erscheint uns zwar das Schweben in der Höhe müheloser und beseligender als das Schwimmen in der Feuchte und als das Schreiten auf der Feste.

Die Vögel unter den Menschen sind diejenigen, die, ganz bewußt geworden, die Erde verlassen und sich in das Reich des Geistes begeben; dies kann aber nicht in einem Male geschehen, sondern ihre Organe müssen sich den Bedingungen des neuen Elementes anpassen, und es kommt eine Zeit, wo dies noch nicht erreicht, den Bedingungen des Irdischen aber schon nicht mehr entsprochen wird, eine Zeit, wo der am höchsten entwickelte Mensch als der allerschwächste und untauglichste erscheint.

Die seltenste Erscheinung unter den Menschen ist eine vollendete Persönlichkeit. Normalerweise sollte die Persönlichkeit eine gesunde, starke Natur, die Wurzel, und einen reichen Intellekt, den Stamm, krönen; da sich aber eine Steigerung nach einer Seite meist auf eine Minderung nach der anderen Seite gründet, so fehlen der Persönlichkeit oft Wurzeln und Stamm, sie schwebt gewissermaßen in der Luft und wirkt unharmonisch.

Harmonische Entwicklung besteht darin, daß im gleichen Maße wie Unbewußtes bewußt wird, auch Bewußtes wieder unbewußt wird. Die in Geist verwandelte Natur muß ersetzt werden durch entsprechend viel in Natur zurückverwandelten, veredelten Geist oder: dem in Erfahrung verwandelten Instinkt entsprechend muß Erfahrung in Instinkt verwandelt werden. Auf diese Weise halten sich Natur und Geist stets im Gleichgewicht und bildet der Mensch einen ganzen Organismus, bestehend aus der Natur, ihrem Innern, dem Geist, und der beides verbindenden Seele. Wird aber fortwährend Natur in Geist verwandelt und nicht ersetzt, so bleibt zuletzt anstatt schönem, natürlich gewordenen Geist und veredelter Natur, nur denaturierter Geist und geistlose Natur, eigentlich ein Widerspruch in sich, ein Nichts, das als etwas Einseitiges für die Seele gar keine Verwendung mehr hat, also seelenlos ist. Solche Menschen, die keine Dreieinheit mehr bilden, sondern wesentlich denaturierter Geist sind, erscheinen am Ende einer Entwicklung, und man nennt sie dekadent. Sie sind der Abfall der auf Vergeistigung hinzielenden Naturentwicklung und entsprechen dem in Beginn einer Entwicklung auftretenden überpositiven, tierhaften Menschen. In rückläufigen Epochen tauchen sehr viele Persönlichkeiten auf, die nichts als Persönlichkeit sind, und deren Persönlichkeit deshalb wie eine Larve wirkt, seelenlos und lebensunfähig.

Der Stolz des persönlichen, abweichenden, sich als einzig empfindenden Menschen wirkt nur dann schön, wenn er sich sofort durch die Wirkung der Persönlichkeit als berechtigt ausweist; denn der persönliche Mensch wirkt nicht durch Leistungen oder Taten, sondern durch sich selbst. Darin liegt seine Gottähnlichkeit, daß er sich nicht handelnd und schaffend bestätigen muß, sondern daß er ist; aber er ist nur so viel, wieviel Natur er in Geist, wieviel Geist er in Natur verwandelt hat, und er ist nichts, was er nicht selbst darstellt.

Ist der schlechtbegründete Stolz einer Persönlichkeit lächerlich, so ist der gutbegründete gefährlich. Je gottähnlicher der Mensch ist, je weiter er sich von der Natur und den Menschen entfernt hat, desto mehr nähert er sich dem Abgrund, der die Menschheit von der Gottheit scheidet, und in welchen Luzifer stürzte. Die Erkenntnis, daß er nicht Gott gleich sein kann, muß den zu äußerster Negativität vorgedrungenen, titanischen Menschen wieder mit der Natur und den weniger vollendeten Menschen versöhnen.

Die Polarität alles Lebendigen, das Vergens ad bonum und Vergens ad malum, zeigt sich nirgends so schroff wie auf der höchsten Stufe der Entwicklung des Lebendigen; die Kehrseite des Geistvollen ist das Naturlose, d. h. die Entwicklung zum Bewußten geschieht auf Kosten des Unbewußten, der Gewinn an Geist gründet sich auf Verlust von Natur, welche doch die Grundlage des menschlichen Lebens ist. Dadurch, daß der Mensch seine Natur in Geist verwandelt hat, besitzt er sie wissend, ins Zentrum des Zentrums, in das Innerste des Inneren versetzt, in sein Ich. Durch dies Ich genießt er sich selbst und die Welt und macht sich zum Ebenbilde Gottes, aber nur auf Augenblicke; als räumlich-zeitliche Existenz ist er durch den Verlust an Natur mangelhaft und schwach. Er ist der Vogel, dessen Heimat die Luft geworden ist, der aber doch, als von der Erde ausgegangen, an die Erde gebunden ist und zu ihr zurückkehren muß, und der auf der Erde schwach, eine Beute der irdischen Gewalten ist.

Der zentrale Mensch, durch seine Persönlichkeit einzig, durch sein Selbstbewußtsein sich und die Welt umfassend, ist der Herr der Welt, in dem alles Erscheinen und Geschehen mündet und sich spiegelt, solange er nur erkennend, genießend, anregend sich verhält; er ist derjenige, dem die Götter alle unendlichen Wonnen und Qualen ganz geben, der seine Qualen nicht gegen das höchste Glück eines anderen tauschen würde, weil sie seine Qualen sind, eine Bestätigung seines Ichs.

Der absolute Selbstgenuß wäre das Selbstbewußtsein im schlechten Sinne; aber wie durch Liebe das destruktive Handeln zum Guthandeln oder Helfen wird, so wird durch Liebe aus dem Selbstgenuß Religiosität. Der in den Vollbesitz seines Ich und seines Selbstbewußtseins gelangte Mensch, der eigentliche Mann, ist der wesentlich religiöse Mensch. Als Mittelpunkt des menschlichen Kosmos erfaßt er sich als Ebenbild des Mittelpunktes der Welt, also als Ebenbild Gottes. Seine Geistigkeit bringt es mit sich, daß er die Natur liebt, und er ist infolgedessen zunächst geneigt, das Weib als Geschlechtswesen zu lieben, wie ja auch gerade religiöse Menschen oft ausschweifend leben oder doch die Neigung dazu haben; sowie er aber sich selbst als Ebenbild Gottes erfaßt, begreift er erstens seine Pflicht, dies Ebenbild rein zu erhalten, und erfaßt er zweitens alle Menschen als werdende Ebenbilder Gottes und erkennt seinen Beruf, Mittler zwischen Gott und den Menschen zu sein.

Da die Natur sich von Stufe zu Stufe entwickelt, so hat jedes Wesen den Trieb, sich einem höher entwickelten zu unterwerfen, das ihm Mittler zur höchsten Stufe wird: das Tier unterwirft sich dem Menschen, das Kind dem Erwachsenen, der unentwickelte Mensch dem höherentwickelten; der Mittler des Höchstentwickelten ist Christus. Christus war der erste vollkommen selbstbewußte Mensch, die erste vollkommen zentrale Persönlichkeit in der Geschichte, damit zugleich die alte Geschichte, die Epoche der Kindheit, abschließend und die neue Epoche, die der selbstbewußten Menschheit, eröffnend. Als Gottmensch, als höchste, der Menschheit erreichbare Spitze, war er der Vertreter der leidenden Kreatur. Solange die Kreatur unbewußt, d. h. tierhaft, und bewußt, d. h. weibhaft, litt, empörte sie sich nicht gegen das Leiden, das sie nicht als selbstbewußtes Ich empfand; erst der Gottmensch empfand es und hob es zugleich auf, indem er den Weg aus Raum und Zeit in das leidensfreie Reich des Geistes wies. Als Geistmensch war Christus unsterblich und mußte das Leiden sowie den Tod von sich weisen; denn das selbstbewußte geistige Ich ist durch und durch Leben und deshalb todverneinend. Die primitiven, noch unpersönlichen Menschen kennen keine Todesfurcht, und dieser Sterbensbereitschaft entspricht die Nichtachtung des Lebens, die im Naturleben und auf frühen Entwicklungsstufen herrscht, welches beides den selbstbewußten Menschen oft befremdet. Die urbildliche Tragik Christi, die die Menschheit stets mehr als jede andere erschüttert, ist die seines notwendigen, wesentlichen Unsterblichkeits- und Persönlichkeitswillens, der nach unsäglichen Kämpfen das Leiden und den Tod, die Erbschaft des Menschen, freiwillig auf sich nimmt. Der höchste Augenblick, wo Christus sich mit den Worten: »Nicht wie ich will, sondern wie du willst« unterwirft und zum Leiden und Sterben bereit erklärt, wird in jedem Menschenleben unbewußt wiederholt in der zweiten Krise, durch welche sich die Umbiegung zum Alter und zum Tode vollzieht, muß aber auch von jedem Menschen bewußt wiederholt werden. Der tragische Held muß in erster Linie das Tier in sich überwinden; Christus war der einzige, in dem das Tier bereits überwunden war und der nur noch die Persönlichkeit zu überwinden hatte. Ist nun auch der selbstbewußte, religiöse Mensch der höchsten Stufe Christus in der Tierfreiheit nicht gleich, so ist doch auch seine wesentliche Aufgabe die Überwindung der Persönlichkeit.

Neben Christus hat die Symbolik den ewigen Juden gestellt, den auf seinen Geist stolzen Pharisäer, der die Versöhnung des Geistes mit der Natur, die Christus durch seinen Tod vollzieht, nicht annehmen will. Logischerweise trifft ihn dafür die Strafe des Nichtsterbenkönnens.

Wie tief Christus die Gefahr erkannte, die das Selbstbewußt- und Geistwerden für den Menschen einschloß, beweist außer seinem Tode auch sein Hinweis auf das Kind als das Vorbild des Menschen, also auf die Natur und das Unbewußte. Tatsächlich liegt hier das Problem für den höchstentwickelten Menschen: da Geist ohne Natur nicht bestehen kann, wie soll er die Natur beherrschen, ohne sich über die Natur zu erheben, wie soll er sich mit der Natur berühren, ohne sich von ihr herabziehen zu lassen?

Wie es das Problem des persönlichen Künstlers ist, sein Werk zu typisieren, so ist es das Problem des persönlichen Menschen, seine Persönlichkeit im Verkehr mit anderen Menschen zu dämpfen, sie endlich zu überwinden. Wie schwer dieser Kampf ist, begreift der Unpersönliche nicht, der in der Natur wurzelt, wie der persönliche in seiner Persönlichkeit. Der ganz persönliche, ganz geistige Mensch ist der ewige Jude, der, die Natur von sich stoßend, nur aus dem Geiste leben will und als Geist ewig leben muß. Er sehnt sich nach dem Tode, kann sich aber nicht entschließen, seine Persönlichkeit aufzugeben und aus der Sphäre des Geistes in die mit dem Tode verbundene Sphäre der Natur oder des Raumes herabzusteigen. Die Natur löst das Problem im gewöhnlichen Leben dadurch, daß sie den Alternden typisch und weiblich macht und ihn so zum Tode hinübergeleitet.

Der persönliche Mensch ist, wie gesagt, nicht wesentlich handelnd und schaffend, sondern wesentlich wollend, also führend und anregend, was er trotzdem schafft, wird weniger sachlichen als eben persönlichen Wert haben, wird mehr subjektiv als objektiv sein. Die Persönlichkeit stellt sich nämlich so zwischen das Bewußtsein und die Natur, zwischen das Schauende und das Angeschaute, daß sie keine adäquaten Bilder aufnehmen kann; ihr eigener Schatten fällt auf das Angeschaute und färbt es persönlich. Die Subjektivität macht die Leistungen hervorragender Persönlichkeiten, selbst wenn sie sachlich zu bemängeln wären, so außerordentlich reizvoll und wirksam.

Die Berufe des persönlichen Mannes sind der des Regenten, Feldherrn, Volksführers, Lehrers und Geistlichen, lauter Berufe, die weniger auf Leistungen als auf dem unmittelbaren Einfluß der Persönlichkeit beruhen. Daß viele unserer Dichter und Schriftsteller Söhne von Geistlichen waren, daß andererseits die Kinder von Geistlichen oft ausarten, erklärt sich aus der starken Negativität, die zum Wesen des Geistlichen gehört, wenn er seinen Beruf aus innerem Drang ergriffen hat.

Ein universaler Mensch, wie etwa Goethe, dessen Natur ebenso stark war wie sein Geist, muß als eine verhältnismäßig vollkommene irdische Erscheinung angesehen werden, doch muß man zugeben, daß auch der genialste Schaffende nicht so wesentlich Geist sein kann wie ein mit weniger starker Natur verbundener Mensch, mit anderen Worten: kein Künstler kann in dem Maße Führer der Menschen sein wie Christus oder ein Christus ähnlicher.

Ist aber ein hochentwickelter Geist mit einer so schwachen oder geringen Natur verbunden, daß er ewig zwischen höchster Erhebung und verächtlichster Erniedrigung schwankt, so darf ein primitiver Mensch sich ihm überlegen fühlen. Der Geist, der nicht stärker ist als die Natur, sinkt unter die Natur herab.

Die Verschiedenheit von Mann und Weib zeigt sich deutlich an diesem Punkte. Der weibliche bewußte Mensch schwingt sich zwar selten zur höchsten Höhe des Selbstbewußtseins auf; aber er steht immer über der Natur, er bleibt immer sittlich, ideal, ästhetisch; die Natur, in der er wurzelt, ist ihm gehorsam und trägt ihn, empört sich nicht gegen ihn. Im allgemeinen kann man daher sagen, daß dem Manne die höchste Spitze der Menschheit, der Universalmensch und der religiöse Mensch, eher erreichbar ist als dem Weibe, daß aber das durchschnittliche Weib höher entwickelt ist als der durchschnittliche Mann.

Die Aufgabe des höchsten Menschen ist es, aus der Polarität der gespaltenen Natur herauszutreten, um polar zur Geist-Natur zu werden; er soll über der Geschlechtsliebe stehen, die Menschheit als Ganzes lieben, des einzelnen sich erbarmen. Demjenigen, der Mittler zwischen Gott und den Menschen sein will, verzeiht der Tieferstehende mit Recht keine Schwäche, unterwirft sich ihm aber willig, wenn er die Natur wirklich überwunden, d. h. vergeistigt hat.

Das Bewußtwerden ist ein Spannungsvorgang, der sich zugleich als Geschlechtsliebe äußert; die sexuelle Liebe nimmt also mit dem Geistigwerden zu; dies bedingt die scheinbar widersprechende Erscheinung, daß gerade der selbstbewußte, geistige Mensch sehr sexuell ist. Er ist der wesentlich liebende Mensch, und es ist vom Punkte der Sexualität aus, daß er entweder fällt, d. h. von der unbewußten Natur herabgezogen und gelähmt wird, oder daß er sich zur höchsten Höhe aufschwingt, wenn es ihm gelingt, seine Liebesfähigkeit ins Geistige zu übertragen und die unbewußte Natur zu sich emporzuziehen. Die Regel ist, daß der Mann, anstatt veredelnd auf die unbewußte Natur zu wirken, was sie so sehnlich von ihm verlangt, sich von ihr herunterziehen läßt; das bewußte Weib hingegen wirkt veredelnd von der sicheren Basis der Natur aus; sie weist von der Erde zur Höhe, wenn sie auch die Erde nicht ganz von sich stößt.

Der ganz von der Natur gelöste, absolute Geist ist das Feuer, in dem nichts mehr lebt. Deswegen ist die Verbrennung die Bestattungsart der Menschen in der Rücklaufszeit der sich vollendenden Menschheit. Das Feuer verzehrt, die Erde gibt wieder; den unbewußten Menschen, der noch eine lange Entwicklung vor sich hat, zieht es in die Erde, das Element der Lebendigen.

VII. Kapitel
Selbstverneinung

§§§a) Selbsterkenntnis, Selbstentzweiung

Die Möglichkeit der Selbsterkenntnis beruht auf der Zweiteiligkeit des Menschen. Durch die Spaltung des neutralen Kindes wird die Kreisform verlassen, der Mensch zunächst dezentralisiert. Seine männliche und weibliche, väterliche und mütterliche Wesenshälfte entfernen sich voneinander, so daß eine stets zunehmende Spannung, Bewußtwerden, Lieben entsteht, deren Äußerstes erreicht ist, wenn die beiden Wesenshälften zueinander im Brennpunkte stehen, d. h. wenn aus der Kreisform die Ellipse geworden ist, die Möglichkeit der Einheit in der Zweiheit. Ist dieser Punkt erreicht, so erblickt sich der Mensch im Spiegel, er erkennt sich.

Das ist im Leben der Menschheit, im Leben des Einzelnen, der verhängnisvolle Augenblick: was er erblickt, entscheidet über sein künftiges Leben. Es ist höchst merkwürdig, wie das richtige Sehen des kindlichen Geistes die Gefahr der Bespiegelung in der Volkssage begreift: Wenn ein junger Mensch, namentlich ein junges Mädchen, um Mitternacht in den Spiegel sieht, so sieht ihr der Tod oder der Teufel über die Schulter, oder sie sieht sonst etwas Entsetzliches, was sie niemand mehr mitteilen kann, denn sie wird vor Schrecken wahnsinnig; das eigene Antlitz ist ihr zum Medusengesicht geworden. Das Grauenhafte des sich Im-Spiegel-erblickens ist auch sonst von Dichtung und Sage mehrfach hervorgehoben, und jeder Mensch empfindet es; durchaus sinnvoll ist die volksmäßig erzieherische Tendenz gegen Neugierde und Eitelkeit. Für das unbefangene Kind sind Neugierde und Eitelkeit Begriffe, die sich decken. Die grausame Bestrafung von Neugierde oder Eitelkeit, die uns in mancher Sage befremdet, erklärt sich daraus, daß es sich um das Urverbrechen des Menschen handelt, wissend werden und sich selbst erkennen zu wollen, was gleichbedeutend ist mit aus Eins Zwei werden zu wollen. Mit der Selbsterkenntnis geht die Unschuld und Naivität, d. i. die Übereinstimmung mit der Natur, verloren. Der naive Mensch sieht sich von außen als etwas zur Natur Gehöriges, was unmittelbar sein ist, und wenn es ihm gefällt, so kommt es ihm nicht in den Sinn, dadurch eitel zu werden; der selbstbewußte Mensch sieht sich von innen als ihm gehörig, und seine Schönheit erscheint ihm als sein Verdienst, seine Häßlichkeit als sein Verbrechen. Nur der vollkommene Mensch dürfte sich ohne Schaden selbst von innen erkennen, aber es gibt keinen vollkommenen Menschen, und gerade seine Zweiheit, die das Erkennen möglich macht, ist eine wesentliche Unvollkommenheit. Nur Christus, die einzige vollkommene Person, durfte sich selbst erkennen.

Die Folge der Selbsterkenntnis ist Selbstvergötterung, Selbsthaß und Schuldbewußtsein. Ein Mensch, der nur Selbsthaß bei seinem Anblick empfände, würde wahnsinnig. Jeder, der es nicht wird, muß also notwendigerweise Selbsthaß empfinden, der mit Selbstvergötterung abwechselt; das verlangt nicht nur der Selbsterhaltungstrieb, sondern die hohe Entwicklungsstufe, die der Sichselbsterkennende erreicht hat, welche Bewunderung verlangt. Das Schuldbewußtsein ist das Bewußtsein, mit dem Sichselbsterkennen das erste göttliche Gebot übertreten zu haben; zu seinem Selbstschutze soll der Mensch sich nur von außen, nicht von innen sehen. Der Sichselbsterkennende und infolgedessen alles außer sich selbst Verneinende ist Luzifer, der mit Gott Entzweite, der sich wollend in die Hölle stürzt. Seine Gottähnlichkeit macht ihn zum Verbrecher am heiligen Geist, d. i. an der Natur.

Der naive Mensch kann wohl eine von ihm begangene Handlung als unrichtig erkennen, allenfalls bereuen, er kann aber niemals das dauernde Schuldbewußtsein empfinden, welches der Fluch des Selbstbewußtseins ist. Wie die Wonne der Selbstvergötterung, so ist ihm auch die Qual des Selbsthasses und des Schuldgefühls fremd, weil er sich in steter Übereinstimmung mit der Natur befindet. Das Schuldgefühl des Allzupersönlichen, Allzunegativen, Sichselbsterkennenden ist ein Gefühl von an der Natur begangener Schuld.

Das Leiden des sich Bespiegelnden, der, von seiner Schönheit ergriffen, vor den Spiegel gebannt bleibt, kann man die Selbstbezauberung (Narzißkrankheit) nennen. Es wäre falsch, wollte man seine Unfähigkeit, sich von seinem Spiegelbilde loszureißen, schlechtweg als Eitelkeit bezeichnen; er unterliegt vielmehr einer folgerichtigen Notwendigkeit.

Lieben heißt jemand als sein Ebenbild erkennen, geschlechtlich lieben, sein durch das Geschlecht entgegengesetztes Ebenbild lieben. Je mehr einer im anderen sein Ebenbild findet, desto inniger wird die Liebe sein. Das Aufhören der Liebe besteht darin, daß man sich als verschieden erkennt. Kann ein Mensch nicht lieben, so heißt das, daß er kein Ebenbild finden kann. Da nun die Liebe der inneren Spannung parallel geht, so muß das Liebesbedürfnis des auf der Spitze des Selbstbewußtseins angelangten außerordentlich stark sein; da er aber eine höchst ausgeprägte Persönlichkeit und höchst entwickelt ist, so ist es unendlich schwer für ihn, ein Ebenbild zu finden. Es ist, als hätte Gott den Übertreter des Verbotes der Selbsterkenntnis dazu verflucht, vor den Spiegel gezaubert zu bleiben, bis jemand ihn erlöste, den er schöner als sich selbst findet. Immer hofft er auf den Erlöser, glaubt ihn hundertmal entdeckt zu haben und findet sich immer wieder getäuscht; mit der wachsenden Zahl der Liebeserlebnisse, aus denen er nicht rein hervorgeht, wächst sowohl sein Selbsthaß wie seine Selbstvergötterung: er wird sich immer einziger und unentbehrlicher.

Eine andere Erscheinung der Selbsterkenntnis ist die Selbstverlarvung: der Mensch macht gewissermaßen sein Spiegelbild zu einer Maske oder Rüstung, hinter der er sich verlarvt. Die Scham, das Gebot übertreten und sich selbst erkannt und durch Selbstliebe eine Art seelischer Unzucht getrieben zu haben, veranlaßt ihn, sich zu verhüllen, damit die anderen es nicht bemerken. Ein sonderbares Symbol ist die Rüstung: die Ritter, welche eine solche trugen, legten sie zu ihrem Schutze an; aber wie man weiß, wurde sie die Ursache, daß die so viel schlechter geschützten Bauern die schwerfälligen Ritter von ihren Pferden auf die Erde werfen konnten, wo sie oft in ihren Rüstungen erstickten. So geht es dem Verlarvten, dessen verborgenes Feuer, allzulange von der Luft abgesperrt, endlich erstickt. Der Mensch, der, in seinem ästhetischen und sittlichen Gefühl erschreckt durch das übermäßige Hervordrängen seiner Persönlichkeit, dieselbe unwillkürlich in sich zurückzieht und verlarvt, verliert diese endlich ganz, er wird unter der Rüstung hohl und ist zuletzt nur noch Larve, sein eigenes Gespenst. Die Verlarvten, hochentwickelt und hochbegabt, schreiben, wenn sie Schriftsteller sind, einen erkünstelten Stil, der das Nichtmehrlebendigsein einer der Anlage nach mächtige Persönlichkeit bezeichnet. Ist die Verlarvung sehr stark, so kann jedes Sichäußern nur mit größter Mühe erzwungen werden, und die Fähigkeit dazu erlischt endlich ganz. Um den Preis des Verlustes der Persönlichkeit erkaufte sich der Verlarvte die Befreiung vom Größenwahn. Ein Beispiel, das sich sofort darbietet, ist C. F. Meyers Prosastil, der vielleicht anfänglich besticht, auf die Dauer aber nicht über die innere Hohlheit und Persönlichkeitslosigkeit hinwegtäuschen kann. Noch merkwürdiger ist der höchstverlarvte Stil des 17. Jahrhunderts, des großen Jahrhunderts der Selbstentzweiung und Selbstverneinung.

Ich möchte nun das innere Bild des selbstentzweiten Menschen näher betrachten.

Zwei elterliche Keime, von denen der eine positiv, der andere entsprechend negativ ist, verschmelzen leicht zu einer Einheit. Das Tier hat ein Zentrum, wodurch es das Unumstößliche erhält, was den Kulturmenschen entzückt; allerdings ist dies Zentrum kein bewußtes, geschweige denn ein selbstbewußtes Ich. Nachdem nun durch die Spaltung des neutralen Ich die kindliche Kreisform verlassen ist, kommt es darauf an, daß allmählich die Ellipse entsteht, die Form des Selbstbewußtseins; dies ist die höchste Zentralisation des sich entwickelnden Menschen, von welcher aus die Wiedervereinigung zur zweiten Kreisform, der des Alters, erfolgt. Die Ellipse ist die Form des handelnden und schaffenden Menschen und ersetzt die Kreisform bis auf den Unterschied, daß die Ellipse in der Spaltung verharrt, in Zeit und Raum, der Kreis in der Ganzheit, der Innerlichkeit, ist. Dieser Unterschied entspricht dem zwischen Leben und Tod, und der Lebendige wird die Form des Lebens sogar vorziehen. Es handelt sich also für den sich entwickelnden Menschen darum, die elliptische Form in sich zu erreichen, welche den verloren gegangenen Kreis ersetzt.

Die Grundbedingung für die Herstellung der elliptischen Form ist eine gewisse Menge von Positivität, ein allzu großes Übergewicht an Negativität verhindert die Ausgleichungsmöglichkeit und damit die Möglichkeit für den Menschen, ein Ganzes zu werden.

In manchen Fällen ist der Überschuß an Negativität so stark, daß die Wesenshälften sich nicht vereinigen können, das Ich sich nicht bilden kann, sondern zerfällt. Ein solcher Mensch ist unheilbar geisteskrank (Dementia praecox), er existiert nur noch räumlich, sein Seelisches ist in sein Inneres eingegangen, d. h. gestorben. Wenn das Ich nicht durchaus zerfällt, aber ein ganzes Ich auch nicht entsteht, oder nur augenblicksweise, so liegt ein entsprechender Grad von Geisteskrankheit vor. Es gibt unzählige Grade, und kein selbstbewußter Mensch ist ganz frei davon. Alle Geisteskrankheiten beruhen auf der Selbstentzweiung oder dem Überschuß an Negativität, abgesehen von solchen, die durch äußere Störungen herbeigeführt sind. Indessen wird sich vielleicht einmal herausstellen, daß auch die sogenannte Paralyse nichts anderes als die allgemeine Geisteskrankheit ist, mit dem Unterschiede, daß es nicht in der ersten, sondern in der zweiten Krise zur Katastrophe kommt, vielleicht auch durch andere mitwirkende Ursachen abgewandelt. Jedenfalls war Nietzsche, was für eine Bewandtnis es auch Mit der Paralyse gehabt haben mag, geisteskrank, d. h. an Selbstentzweiung krank, und seine bejahende Philosophie war der leidenschaftliche Protest seines Bewußtseins gegen die unbewußt von ihm ausgeübte Selbstverneinung.

Kann das neue Individuum, das heranwachsende Kind, die elterlichen Wesenshälften in seinem Innern nicht verbinden, so bleibt ihm nichts übrig, als sich mit der einen Wesenshälfte zu konstituieren. Der Sohn, als Geschlecht, also körperlich negativ, muß sich mit der mütterlichen Hälfte verbinden, die wenigstens durch ihr Geschlecht positiv ist; aus demselben Grunde die Tochter mit der väterlichen. Dies ist die (Quelle des Vaterhasses des Sohnes auf der einen, des Mutterhasses der Tochter auf der anderen Seite; das notdürftig konstruierte Ich steht seiner unverbundenen Hälfte, sich selbst, feindlich, negativ gegenüber.

Da der geisteskranke Mensch kein ganzes Ich geworden ist, keinen alle seine Wesenselemente zusammenfassenden Mittelpunkt hat, können diese selbständig werden und sich auf lehnen; daher die epileptischen und andere nervöse Zufälle. In den Lebensgeschichten der mittelalterlichen Heiligen finden sich dafür viele Beispiele. Die verschiedenartigen Krämpfe, von denen sie heimgesucht wurden, gaben von jeher Anlaß, ihre Heiligkeit in Zweifel zu ziehen. Mit richtigem Blick wurden sie als Anfechtungen des Teufels angesehen, die sich nach der Auffassung mancher Theologen mit dem Begriff von Heiligkeit nicht vereinigen ließen. Alle die Möglichkeiten von nervösen Lähmungen und Störungen, die die Geisteskrankheit, d. h. Selbstverneinung mit sich bringen kann, aufzuzählen, liegt nicht in der Absicht dieser Abhandlung.

Mit der Selbstentzweiung und Selbstverneinung ist Neigung zum Selbstmord immer verbunden; der höchste Grad der Selbstentzweiung ist ja ein unwillkürlicher Selbstmord, der bei den geringeren Graden durch die vorhandene Menge von Positivität verhindert wird.

Der griechische Mythos gibt uns in der Geschichte des Orestes das Vorbild der Geisteskrankheit: im Inneren des Sohnes vollzieht sich wiederholend die furchtbare Entzweiung der Eltern, die mit dem Morde des Vaters durch die Mutter endet; im Wahnsinn sich selbst, den Zerrissenen, und die Mutter hassend, tötete er sie.

Der Geisteskrankheit wesentlich ist also, daß sie in den Entwicklungsjahren auftritt; denn sie ist ja gar nichts anderes als die Personbildung auf abnormer Basis mit abnormen Mitteln. Es erklärt sich daraus die zunehmende Zahl der Schülerselbstmorde. In der zweiten Krise, den Rückentwicklungsjahren, tritt sie entsprechend wieder auf. Da die Personbildung mit den Spannungsverhältnissen, dem Grade des Selbstbewußtseins und der Sexualität zusammenhängt, so zeigen sich alle Symptome der Geisteskrankheit an der Persönlichkeit, am Selbstbewußtsein und der Sexualität; da die Person wesentlich wollend ist, außerdem an der Willenskraft.

Da die Geisteskrankheit in den Entwicklungsjahren auftritt, so kann man die, die daran leiden, auch permanente Jünglinge nennen. Sie behalten zeitlebens gewisse Eigenschaften, die der Jünglingsstufe eigen sind: das Schweifende, Unbeständige, Haltlose, Träumerische, dem praktischen Leben Fremde. Mit der zweiten Krise gehen sie sofort ins Alter über, ohne eigentlich jemals Mann und Vater geworden zu sein.

Wie die Frau ihrem Wesen nach kein Verbrecher, so kann sie ihrem Wesen nach nicht geisteskrank sein: beides, Verbrechen und Geisteskrankheit, beruhen auf einem Übermaß von Negativität, und die Frau ist ihrem Wesen nach positiv. Indessen, da auch die Frau den ganzen Kreis des Bewußtseins zu durchlaufen hat, so wird es mit zunehmender Kultur auch weibliche Verbrecher und weibliche Geisteskranke geben; immerhin ist die Frau durch ihr Geschlecht, welches positiv ist, verhältnismäßig geschützt.

An einem gewissen Grade von Übernegativität leiden eine große Anzahl moderner Menschen, und die Grenze zwischen Gesundheit und Krankheit ist nicht leicht zu ziehen. Gleichmäßige Heiterkeit ist wohl am ersten als ein Zeichen von gutverteilter Positivität und Negativität anzusehen, wenn sie nicht das Wesen des Kindischen hat. Starke und häufige Stimmungswechsel sind ein Zeichen von Halbheit. Der gesunde Stimmungswechsel ist so, daß am Morgen die Negativität, in Form von geistiger Regsamkeit und einem gewissen Selbstgefühl, aus dem neutralisierenden Bade des Schlafes hervorgeht und bis gegen Mittag steigt, nachmittags einer gewissen Unterspannung Platz macht, bis am Abend die wieder etwas zunehmende Negativität eine neutrale Stimmung hervorbringt, die in den Schlaf überleitet. Dieser Verlauf entspricht dem jeder Entwicklung, auch in der anorganischen Natur. Nach der positiven ruhevollen Nacht beginnt der Tag unschuldig heiter, wird dann immer tätiger und feuriger, bis um Mittag Bewölkung eintritt; der Nachmittag bringt Schwüle und Schwere, Untätigkeit, der Abend endlich neues, aber gemildertes Leben und Auflösung alles Widerstreits in himmlische Klarheit. »Heiter und ruhig ist dann das Alter«, dichtete der unglückliche Hölderlin.

Wie der nicht ganz im Besitz seines Ich, seiner Person befindliche Mensch gewissermaßen immer eine Rolle spielt, so ist der Schauspielerberuf der eigentliche Beruf des selbstentzweiten Menschen. Schauspieler sind diejenigen Menschen, die der Maske bedürfen, um ihre Persönlichkeit darstellen zu können, also nur halb zustande gekommene Personen. Die Maske wirkt wie der Alkohol, der durch Verstärkung der Negativität den für gewöhnlich fehlenden Ausgleich herbeiführt. Schauspieler sind ursprünglich destruktive Menschen, die an Selbstverneinung leiden; ihre Negativität ist gelähmt, daher befinden sie sich meistens im Zustande der Unterspannung und fühlen sich halb. Die Maske gibt ihnen auf Augenblicke die Möglichkeit, ganz sie selbst bzw. ihre Vorfahren zu sein: sie rasen, zerstören, gebärden sich wild-leidenschaftlich, wie jene getan haben und wie sie tun möchten. In der Zwischenzeit sind sie eigentlich maskiert, da ja ihr wahres Wesen Maske geworden ist. Nur mittelst einer von außen aufgesetzten Persönlichkeit kommen sie vorübergehend in den Besitz ihrer eigenen. Der eigentliche wahre Schauspieler leidet also an einem gewissen Grad von Geisteskrankheit. Mit dem Entstehen des Dramas im 17. Jahrhundert tauchen auch die ersten Schauspieler auf.

In Rücklaufzeiten, wo ein sehr hoher Grad von Selbstbewußtsein, also Negativität, erreicht ist, gibt es eine Menge von sowohl ganz geisteskranken Menschen wie von solchen, die an einem leichten Grade von Geisteskrankheit leiden. Sie können in der zwischen der ersten und zweiten Krise liegenden Spanne Zeit, die das sich entwickelnde Leben umfaßt, als leidlich gesunde Menschen figurieren, die höchstens durch Ungewöhnlichkeit auffallen, sei es, daß diese mehr den Eindruck des Absonderlichen oder des Hervorragenden macht. Sie sind kenntlich an einer gewissen Gefühlskälte, an einer eigentümlich starken Unpersönlichkeit bei äußerlich stark vorhandener Persönlichkeit, an einer über das Natürliche hinausgehenden Zurückhaltung und Gebärdenlosigkeit. Ein unsichtbarer Mantel scheint sie zu umgeben, der sie von der Außenwelt trennt und durch den sie selbst nicht hindurch können. Zum Handeln oder Sichentschließen sind sie mehr oder weniger unfähig, und die Möglichkeit zu allerhand Umkehrungen (Perversitäten) ist gegeben. Es besteht demnach eine gewisse Ähnlichkeit zwischen dem geisteskranken, dem dekadenten und dem vollendeten Menschen, die darauf beruht, daß sie alle sich in ihr Inneres zurückgezogen haben, daß sie alle am Ende einer Entwicklung stehen. Geisteskrankheit und Dekadenz beruhen eben beide auf zuviel Geistigkeit, richtiger gesagt auf Geistigkeit, die nicht durch Natur (Positivität) im Gleichgewicht gehalten wird. Der Unterschied ist der, daß der dekadente wie der geisteskranke Mensch die Natur verloren, der vollendete sie überwunden hat. Zwischen den Dekadenten und den Geisteskranken ist der Unterschied, daß die Abnormität des Dekadenten sozusagen normal ist, als durch die rückläufige Epoche bedingt, in der sie erscheinen, während bei den Geisteskranken die Möglichkeit einer wenigstens teilweisen oder vorübergehenden Gesundung vorliegt.

b) Unfruchtbarkeit

Melancholie und Neigung zum Selbstmord sind bei Geisteskranken immer vorhanden, was sich, da Geisteskrankheit wesentlich Selbstverneinung ist, von selbst versteht. Ob es einen auf äußeren Ursachen beruhenden Selbstmord gibt, ist schwer zu entscheiden; meistens wird es sich um Fälle handeln, wo die Vorbedingung der selbstverneinenden Verfassung Unterernährung ist. Unterernährung nämlich führt von außen her Negativität herbei, die ebenso wie die, welche infolge natürlicher Entwicklung entstanden ist, Verbrechen, Geisteskrankheit, Selbstverneinung im Gefolge hat. Durch gute Ernährung könnten viele Verbrechen und viel Geisteskrankheit verhindert werden.

Die dem Menschen ganz unbewußt sich in ihm selbst vollziehende Selbstverneinung ist die Unfruchtbarkeit. Sie entsteht dadurch, daß die zweite Krise, die der Wiedervereinigung, zu früh eintritt, so nämlich, daß die erste sofort in die zweite übergeht und infolgedessen der Jüngling, bevor er noch ganz männliche Person geworden ist, verweiblicht, das Mädchen, bevor es noch ganz weibliche Person geworden ist, vermännlicht. Äußerlich stellt sich die zu frühe Verweiblichung des Jünglings als Dickwerden dar, die Vermännlichung des Mädchens als Schlankbleiben. Gewisse Geschlechtsanzeichen kommen nicht zur Entwicklung; so weitet sich namentlich das Becken nicht in erforderlichem Maße, wodurch die Mädchen zum Gebären mehr oder weniger untauglich werden. Es ist falsch, von Mannweibern zu reden, solche gibt es nicht, außerdem als Mißgeburt; es gibt indessen Jünglingsfrauen, d. h. Frauen, deren Entwicklung auf einer Stufe stehen geblieben ist, wo der Geschlechtscharakter noch schwankend war. Zwischen ihnen und dem entsprechenden Manne ist der Unterschied vorhanden, daß das Mädchen durch die Vermännlichung geistig produktiv wird, der Mann durch Verweiblichung geistig unproduktiv. Die jünglingshaften Mädchen haben die Möglichkeit, Künstler zu werden. Daß sie es im allgemeinen doch nicht werden, kommt daher, daß sie in rückläufigen Zeiten auftreten, wo durch die allzu weitgehende Vergeistigung keine starke Natur mehr vorhanden ist. Sie haben dann wohl Ideen zu Kunstwerken und gewisse lyrische persönliche Möglichkeiten; aber das unbewußte Machen, das organische Bilden, das ins Geistige übertragene Gebären ist ihnen versagt. Sie liefern in diesem Falle die wenig sympathische Erscheinung von Menschen, die fortwährend Anläufe zum Schaffen nehmen und nichts erreichen, die sich als Künstler fühlen und gebärden, aber denen gerade das fehlt, was zuletzt den Künstler ausmacht, das Können. Ist also theoretisch die Möglichkeit des schaffenden Künstlers auf dieser Basis nicht ausgeschlossen, so werden doch im allgemeinen in diesen Rücklaufstypen nicht alle drei Wesensteile gleich stark vertreten, und zwar entwicklungsfähig vertreten sein.

Der zu früh verweiblichte Jüngling beginnt mit rhythmischen Produktionen, die sich durch weibliche Zartheit und etwas Vergeistigtes auszeichnen. Bald jedoch versiegt die anmutige Quelle und macht, da auf künstlerische Betätigung gewöhnlich nicht verzichtet wird, seichten Wiederholungen oder auf grobe Effekte gerichteten Werken Platz. In der neueren Literatur sind viele Beispiele für derartige Erscheinungen.

Wie die Vermännlichung des Weibes im Einzelleben erst gegen das Ende ihres Lebens, mit der zweiten Krise, eintritt, so erscheint das Jünglingsweib am Ende der Entwicklung eines Volkes und es bleibt ihr infolgedessen nicht viel Zeit zur Entwicklung. Nähme die Verengerung des Beckens ständig zu oder würde sie allgemein, so müßte das betreffende Volk aussterben.

Man sollte im allgemeinen die Natur und ihre Absichten besser verstehen und sich mehr nach ihr richten. Frauen, die tote Kinder zur Welt bringen oder die nicht auf natürliche Art mehr gebären können, weil sie zu eng gebaut sind, sollten die Geburt nicht erzwingen; denn im allgemeinen werden sich die der Natur abgezwungenen Wesen als lebensunfähig erweisen, die Selbstverneinung, die schon in den Eltern sich aussprach, wird in ihnen noch nachdrücklicher erscheinen. Ebenso sollte man Geisteskranke, die die Nahrung verweigern, nicht künstlich am Leben erhalten, und Menschen, die sich das Leben nehmen wollen, nur dann davon zurückhalten, wenn man zugleich willens ist, sie zu heilen oder zu stützen. Kurz, wo entseelte Natur bzw. denaturierter Geist sich deutlich selbst verneint, sollte man sie nicht gewaltsam wieder in die Entwicklung hineinzerren.

Gleichzeitig darf man nie den in der Natur liegenden Trieb zur Regeneration, zur Selbsterergänzung und Selbstvervollkommnung vergessen. Wie von außen her durch Verbindung mit positiven Menschen Regeneration herbeigeführt werden kann, so von innen her durch innerliche Verbindung mit positiven Kräften. In der ersten großen Zeit der Selbstverneinung sprachen die Protestanten von der Notwendigkeit, den alten Adam sterben und den neuen durch innere Wiedergeburt auferstehen zu lassen. Diese der bewußten Selbstverneinung folgende bewußte Selbstbejahung ist der Weg, den alle der Natur bzw. dem Geiste Entfremdeten, wenn sie leben wollen, gehen müssen.

c) Heilung und Vorbeugung

Da das Wesen der Geisteskrankheit ein Zuviel an Negativität ist, so müssen die Heilungsversuche sich auf Zuführen von Positivität gründen. Der nächstliegende Gedanke ist, vorausgesetzt, es handle sich um einen kranken Mann, daß, da die Frau als Geschlechtswesen positiv ist, ihm durch Liebe Positivität zugeführt werden könne. Dies ist aber nur unter großen Vorbehalten richtig. Erstens kann bei einer kultivierten Frau leicht das Negative im Geistigen überwiegen, wodurch das Positive des Geschlechtes eventuell ganz aufgehoben würde. Es müßte also an eine primitive Frau gedacht werden, der wiederum die notwendige Überlegenheit fehlt. Einzig die echt weibliche, nicht selbstbewußte, aber bewußte Frau, durch Sittlichkeit und Mütterlichkeit überlegene, könnte entsprechen. Sie ist aber in Rücklaufszeiten eine sehr seltene Erscheinung. Im ganzen ist sexuelle Liebe für Geisteskranke sehr gefährlich, da sie ihre Negativität erregt und ihren Zustand verschlimmert, es sei denn, daß durch die Geschlechtsliebe positive Kräfte erregt werden, Mitleid oder Bewunderung, der Wunsch zu helfen oder zu dienen.

Der Stolz des übernegativen Mannes weist in der Regel das Positive im Menschen zurück und nimmt es nur von der Natur an. Diese, als rein positiv und unbewußt, erniedrigt ihn durch ihre Gabe nicht, während er dem unter ihm stehenden Menschen nicht verpflichtet sein will, ihn im Gegenteil haßt, weil er sich ihm wider Willen verpflichtet fühlt. Je näher ein positiver Mensch der Natur steht, je unbewußter er ist, desto eher wird der Kranke geneigt sein, von ihm die Wohltat des Positiven anzunehmen; denn ihm gegenüber fühlt er sich trotzdem als der Gebende.

Der sogenannte Weiberhaß ist immer ein Zeichen von dem, was man gewöhnlich Sinnlichkeit nennt, d. h. starker Negativität. Die Negativität des Mannes verlangt zum Ausgleich die Positivität des primitiven Weibes, deshalb sind übernegative, einseitig männliche, geistige Männer gegen die geistige Ausbildung der Frau, weil sie instinktiv fürchten, den ihnen notwendigen Ausgleich zu verlieren. Väterliche Männer dagegen, weil sie bereits selbstergänzt sind, d. h. Positivität in sich haben, leiden die geistige Ausbildung der Frau gern, befördern sie sogar, weil ihre Positivität dadurch ausgeglichen wird. Der übernegative Mann liebt nun aber das positive Weib durchaus nicht, vielmehr haßt er es, und zwar gerade weil er ihrer bedarf und sie ihn herabzieht. Seine Pflicht, sie zu sich heraufzuziehen, erfüllt er nicht, weil sie ja dann kein Ausgleich mehr für ihn wäre und sich ihm widersetzen könnte. Sein Stolz haßt den Zeugen seiner Bedürftigkeit. Das Negative muß seine Negation zunächst gegen das Positive wenden, das es momentan aufhebt. Bei den höchst negativen Männern der semitischen Stämme finden sich viele hierher gehörige Beispiele, klassisch ist das des Sultans, der jede Nacht eine Sklavin zu sich nimmt und am Morgen töten läßt, bis die märchenkundige Scheherazade, die »von Mut und Geist strahlte und mit den glänzenden Worten der Dichter reden konnte«, ihn aus einer Nacht in die nächste hinübertäuschte, d. h. mit ihrem gesunden Maß von Negativität seine Positivität erregt und ein über die rein sinnliche Liebe hinausgehendes Gefühl in ihm erweckt. Wo der Mann übermäßig negativ ist, ist die Stellung der Frau niedrig, je mehr der Mann androgyn ist, desto höher ist die Stellung der Frau.

Da das Wesen des Lebens beständige Bewegung und Veränderung ist, so wechselt auch der Spannungsgrad im Innern des Menschen beständig, und Liebe kann immer in Haß oder Gleichgültigkeit umschlagen. Dies trifft besonders für den geisteskranken, im labilen Gleichgewicht befindlichen Menschen zu, bei dem Überspannung und Unterspannung wechseln, heftiges Liebesbedürfnis mit stumpfer Gleichgültigkeit. Wird die Überspannung so groß, daß keine Ausgleichungsmöglichkeit vorhanden ist, so schlägt die Liebe in Haß um, wird was anzieht zugleich abgelehnt. Das Übermaß an Negativität macht den damit behafteten Mann zur Ehe ungeeignet, er leidet an Ehescheu, d. h. seine Negativität oder Übergeistigkeit macht den inneren und äußeren Ausgleich schwierig bis unmöglich. Dies ist also eine mittelbare, auf übermäßiger Negativität oder Männlichkeit beruhende Unfruchtbarkeit; von der unmittelbaren, auf zu früh sich einstellender Positivität beruhenden, ist vorher gehandelt worden.

Indessen ist der Mensch nicht auf persönliche Mitteilung von Positivität allein angewiesen. Hat er sich auch von der Natur losgerissen, so ist er doch, sei der Faden auch noch so dünn, mit ihr verbunden, und ihre balsamische Kraft umströmt ihn beständig. Auf zwei Wegen kann jeder zu ihr gelangen, entweder unmittelbar durch die Vegetation und das Tier, oder mittelbar durch die durch den menschlichen Geist hindurchgegangene Natur, Kunst. Wie heilsam der Aufenthalt in der Natur und der Umgang mit Tieren auf leidende Menschen wirkt, ist bekannt; es gibt aber solche, die der reinen, unverwandelten Natur nicht zugänglich sind, sondern sie sich durch die Kunst vermitteln lassen müssen. Hier kommt wieder zunächst die positivste der Künste, die Architektur, in Betracht, die ganz aus dem Unbewußten hervorgeht. Ein vollendetes Bauwerk umfängt die Seele so mächtig, daß sie im Schoße der Natur oder der schaffenden Hand Gottes zu liegen glaubt und ihren bzw. seinen belebenden Hauch verspürt. Instinktiv wird der Kranke innerhalb der Architektur die positive Antike, die die reine Form zum Ausdruck bringt, der negativen, höchst bewegten, titanischen Gotik vorziehen, die ihn eventuell sogar abstoßen muß. Unfehlbar wird es ihn zu derjenigen Kunst und zu denjenigen Kunstwerken hinziehen, die ihm die ersehnte positive Ergänzung geben. Das Persönliche, Lyrische, Formlose, Erregende wird stets weniger in Betracht kommen als das Gebundene, Typische, Architektonische. Auch von Religion und Wissenschaft kommt nur die positive Seite in Betracht, die synthetische. Wie die Liebe, kann auch die Religion durch ihre negative, persönliche Seite für Leidende höchst gefährlich werden, was sich in allen möglichen Formen des religiösen Wahnsinns offenbart.

Durch die Einsicht in das Wesen der Krankheit allein kann die Krankheit, da sie ein Konstitutionsfehler ist, nicht gehoben werden, vielmehr kann unvollkommene Einsicht verwirren und schädlich wirken. Vollkommene Einsicht kann aber gut sein, wenn sie mit Zuführung von Positivität verbunden ist, und diese unmittelbar zu geben sollte der Seelenarzt imstande sein. Außer der Einsicht in das Wesen der Krankheit sollte er körperlich und geistig über ein namhaftes Maß von Positivität verfügen, das sich dem Kranken unmittelbar im Umgange mit ihm mitteilt.

Was etwaige Vorbeugung der Geisteskrankheit betrifft, so ist dieses scheinbar sehr leicht zu erreichen: es brauchten ja nur harmonische Ehen geschlossen zu werden. Jede Heirat, die ohne innere Übereinstimmung, nur aus äußeren Gründen geschlossen wird, wäre als ein Verbrechen an der Nachkommenschaft zu betrachten. Da nun aber die Geisteskrankheit eine Begleiterscheinung hoher Kultur ist und auf einem Überschuß an Negativität in beiden Geschlechtern beruht, so ist diese Übereinstimmung gerade in Zeiten hoher Kultur gar nicht oder nur schwer zu erzielen, und unharmonische Ehen und Geisteskrankheit sind eben zwei aus derselben Grundlage erwachsende, notwendig miteinander verbundene Erscheinungen.

Immerhin kann doch das Bewußtsein helfend eingreifen. Der normale, ungespaltene Mensch darf seinem Instinkt trauen, der ihn unfehlbar zu den ihm dienlichen Quellen zieht (Quo dii vocant eundum); den in sich selbst entzweiten Menschen hingegen zieht es nach zwei entgegengesetzten Richtungen, und was er auch wählen möge, wird er doch nie ganz das Rechte wählen. Den selbstentzweiten Mann zieht es einerseits zur typischen, positiven, andererseits zur persönlichen, negativen Frau. Dies ist des modernen Mannes ewiges Liebeserlebnis, das nicht zum Heile der Literatur immer wieder von ihm abgehandelt wird. Sieht man aber ein, daß, wo Zerrissenheit herrscht, nur das vorwiegend positive, typische Weib helfen kann, so muß man sich eben darnach einrichten.

Es ist interessant, wie die Griechen, die mit ihrer unbewußt gewachsenen Kultur gewissermaßen ein Vorspiel zu allen bewußten Kulturen gaben, dies Problem lösten. Sie machten die bewußte neutrale Frau, das sittliche Weib, zur Mutter ihrer Kinder, die überpositiven, noch tierhaften Weiber hielten sie als Sklavinnen, und die selbstbewußten, persönlichen, negativen waren Hetären, die Geliebten, die Liebe selbständig erwiderten und geistige Interessen teilten. Ist nun diese Einteilung in einem modernen Staate auch nicht durchzuführen, wenigstens nicht, bis nicht eine ganz andere Schätzung der Frau sich ausgebildet hätte, so muß man es doch lächerlich finden, wenn umgekehrt verfahren und gerade die Frau zur Mutter der Kinder gemacht wird, die sich am wenigsten dazu eignet. Im allgemeinen will zwar in dieser Hinsicht der Mann das Richtige; aber nur zu oft gibt doch irgendwelche Berechnung den Ausschlag. Vor allen Dingen dürfte der Mann weder die positive noch die negative Frau mißachten, wenn er das Gute, das sie ihm gibt, genießen will; er vergiftet sich dadurch die Speise, von der er leben soll. Ferner wäre in rückläufigen Zeiten die Verheiratung mit positiven Frauen, also mit den Frauen der unteren Stände, die sonst nicht ratsam ist, sehr am Platze, da durch sie ein starker Zufluß von Positivität gegeben wäre. Liebesverhältnisse mit diesen Mädchen zu haben und diese womöglich ohne Folgen zu lassen oder die daraus hervorgehenden Linder im Dunkeln aufwachsen zu lassen, ist das verkehrteste, was instinktlos gewordene, übergeistige Männer tun können. Männer, die es stark zu den Frauen der unteren Stände hinzieht, haben viel Positivität nötig und können sicherlich am ehesten mit solchen Frauen lebensfähige Kinder erzeugen.

Daß es überkultivierte Frauen zu primitiven Männern zieht, wird auch schon vielfach beobachtet, und sie sollten sich ebensowenig scheuen, solche zu heiraten, wenn sie nur Geisteskraft genug in sich fühlen, sie zu sich emporzuziehen; denn diese Pflicht übernimmt jeder Höherentwickelte gegenüber einem noch Unentwickelten. Die ganz denaturierten Amerikaner soll es zu den Negern ziehen; ob dahin eine Regenerationsmöglichkeit liegt, ist allerdings fraglich.

Außer der Verheiratung mit den unteren Schichten des Volkes ist auch die Verheiratung mit primitiven Völkerschaften möglich. Verbindungen zwischen abendländischen Menschen und den verschiedenen östlichen Völkern, die dem Abendlande gegenüber noch primitiv sind, können deshalb sehr segensreich sein. Sie würden demselben Zweck dienen, wie ehemals die Einfälle der Barbaren in das römische Reich.

In allen Rücklaufszeiten wird Rückkehr zur Natur gepredigt; aber diese Rückkehr besteht nicht darin, daß man allerhand äußere Merkmale hoher Kultur, Luxus, moderne Kleidung u. dgl. ablegt, sondern daß man sich das positive einverleibt, sei es von außen oder von innen, durch die Natur oder durch den Geist.

VIII. Kapitel
Überblick über die Weltgeschichte

Die Kindheitsstufe der Menschheit umfaßt die gesamte vorchristliche Zeit. Bei den Völkern des Ostens schuf die Natur gewissermaßen noch weiter, hauptsächlich bauend. Ihre Dichtung war Symbolik, d. h. der Spiegel ihres Bewußtseins nahm richtige Weltbilder auf. An Üppigkeit des architektonischen Schaffens ist keine Epoche dieser gleichgekommen; aber dies Schaffen neigte, wie die vom bewußten Geist nicht gehemmte Natur immer tut, zum Verwildern. Daher war der Osten die Wiege der Kultur; aber die erste harmonische Kultur entstand in Griechenland. Die griechische Kultur war ein harmonisches Ganzes, weil die Griechen bereits bewußte geistige, aber noch ganz einheitliche Menschen waren. Die männliche Negativität und die weibliche Positivität wurzelten noch gemeinsam in der neutralen Kindheitssphäre; der Mann war noch verhältnismäßig weiblich – noch nicht selbstbewußt –, das Weib noch kindlich, und Mann, Weib und Kind deshalb zu einer solchen Einheit verschmolzen, wie sie im Norden nie und auch im Süden nur annähernd wieder erreicht wurde. Es gab daher im Innern des primitiven Menschen nur eine mäßige Spannung, aber eine starke, produktive Natur, deren reine Formen nicht durch Geschlechtsleben und Selbstbewusstsein gestört wurden.

Zwischen der Knabenliebe bei den Griechen und bei den modern-dekadenten Menschen besteht der Unterschied, daß sie den Griechen, als noch nicht sehr männlichen Männern, natürlich war, während sie beim dekadenten Mann ein Symptom des Wiederweiblichwerdens ist.

Das Problem der mechanischen Arbeit war bei den Griechen wie bei allen alten Völkern – durch die Sklaverei gelöst. Es muß nämlich zur Erhaltung des menschlichen Lebens eine gewisse Summe mechanischer, d. h. ungeistiger Arbeit verrichtet werden, die dem geistigen Menschen widersteht, weil sie seinen Produktionstrieb nicht in Anspruch nimmt. Die Stärkeren – im allgemeinen die Geistigen, Männlichen, mit Produktionstrieb Begabten – laden sie deshalb auf die Schwächeren ab, die sich wegen ihres geringen Produktionstriebes besser dazu eignen. Die Schwächeren sind im allgemeinen die unbewußten, primitiven Menschen, sowohl Frauen wie Männer. Indem die Schwächeren sich der ungeistigen, mechanischen Arbeit anpassen, werden sie immer ungeistiger, während die Geistigen immer geistiger, männlicher, negativer werden. Werden die Arbeiter nun nicht aus der Mitte der Gesellschaft selbst genommen, sondern sind es Fremde, unterworfene Völkerschaften und werden diese vom Körper der Gesellschaft ganz abgesondert, so kann diese sich harmonisch entwickeln, d. h. sie sondert sich nicht in Übergeistige und Ungeistige oder Allzumännliche und Allzuweibliche. Allerdings beraubt sich dadurch die Gesellschaft einer Quelle der Positivität und Verjüngung und muß daher nach Ablauf ihrer Entwicklung absterben.

Nachdem das Christentum die Sklaverei in der Idee aufgehoben hatte, damit alle Menschen sich menschlicher Bestimmung gemäß zum Bewußtsein entwickeln könnten, teilte sich die Gesellschaft in Stände und später, nachdem auch die Stände in der Idee aufgehoben waren, in Gebildete und Ungebildete. Dadurch durchdrang die Sklaverei den Körper der Gesellschaft selbst, d. h. die Gesellschaft wurde in sich gespalten, indem die Geistigkeit auf der einen, die Ungeistigkeit auf der anderen Seite zunahm. Dieser Zustand schlecht verteilter Negativität und Positivität bestand und besteht am meisten in Deutschland, welches insofern das unkultivierteste Land des Abendlandes ist.

Je mehr die Sklaverei tatsächlich aufgehoben wurde, bestrebte sich die Menschheit, das Problem der mechanischen Arbeit auf andere Weise zu lösen, indem sie dieselbe nicht auf Menschen, sondern auf Maschinen ablud. Die Maschine, Abbild der Urmaschine, der allweisen und allmächtigen Natur, das vervollkommnete Werkzeug, wird vermutlich so vervollkommnet werden, daß dem Menschen nur so viel mechanische Arbeit zu tun übrig bleibt, wie ihm das Gegengewicht gegen die geistige Arbeit nützlich und angenehm ist. Dies wenigstens ist die Idee der Maschine.

Das erste Volk der Alten Welt, bei welchem die Negativität mächtig hervortrat, und welches dadurch zur neuen Geschichte hinüberleitete, waren die Juden. So mächtig war diese selbstbewußte Geistigkeit, daß sie sogar die Kindheits- oder Tieressphäre fast aufzehrte und der Negativität im Manne fast gar keine Positivität mehr gegenüberstand. Der Überschuß an Negativität ist die Ursache der Ähnlichkeit zwischen dem jüdischen Typus und dekadenten Menschen, z. B. bei den Sprößlingen alter Geschlechter, welcher oft beobachtet worden ist. Die starke Sexualität und Selbstbewußtheit, das Fehlen der Kindlichkeit ist es, die die jüdische Nation der übrigen Menschheit so unsympathisch und fast unheimlich macht: die ganze Natur lehnt sich gegen die einseitige Geistigkeit auf; namentlich der naive Germane fürchtet und haßt sie. Bezeichnend für das deutsche Volk ist es, daß es den Teufel nur als dummen Teufel begreift: der Teufel als die inkarnierte Negation, Mephisto, geht seiner unbewußten Kindlichkeit nicht ein.

Das Fehlen des Unbewußten schließt die Juden von der bildenden Kunst, die die Quelle im Unbewußten hat, vollständig aus, dagegen sind sie zur Musik und Lyrik prädestiniert, allerdings auch nur in entsprechender Art. Da sie des konstruktiven, als des Unbewußten, nicht mächtig waren, erfanden sie für die Lyrik die Form der Formlosigkeit, d. h. sie begründeten den Rhythmus nur auf das Gefühl. Von keiner anderen Nation ist jemals im rhythmisch Ungebundenen so Hinreißendes geschaffen worden; es ist die Form, die der negative, persönliche Geist der typischen Natur entgegensetzt. Diese Form kann nun ausdrücken: brünstige, d. h. wissende Liebe; wenn sie durch Übertragung ins Geistige zur Inbrunst wird, so entsteht der religiöse Hymnus. Ihn, wie der Religion überhaupt, verdankt die Menschheit den Juden.

Bis dahin hatte es nur Mythologie, d. h. kindliche Weltanschauung gegeben; der bewußte Mensch verhalt sich erkennend zur Welt, erst der selbstbewußte erfaßt sich als Ebenbild des persönlichen, sittlichen Gottes, wodurch Religion entsteht, d. h. Bewußtsein einer persönlichen Verbindung zwischen Gott und den Menschen. Nur aus der Mitte der Juden konnte der erste vollkommen selbstbewußte und dabei vollkommene Mensch erstehen, Christus, der Gottmensch, der durch sein Erscheinen den zwischen Gott und Menschen geschaffenen Bund, die Religion, realisierte. Wie schon an anderer Stelle bemerkt, wies Christus, aus der Entzweiung hervorgegangen, auf das Kind, das Unbewußte, hin, als auf das Symbol der wiederzugewinnenden Einheit. Nun trat die gespaltene Menschheit in die Entwicklung ein, welche in noch erreichtem höchsten Selbstbewußtsein zur zweiten Einheit, zum zweiten Paradiese, zurückführen sollte.

Die Entwicklungsjahre der abendländischen Menschheit sind bezeichnet durch die Hauptspaltung zwischen Kaisertum und Papsttum. Beide Formen halten die Idee der Ganzheit, die in der Alten Welt bestanden hatte, fest, aber nur, um die allgemeine Spaltung und Zerstreuung zu vermehren. Von der bäuerlichen Kultur reißt sich die städtische, männlich-negative Kultur ab – ein Nomadentum auf höherer Stufe – und endlich tritt die schneidendste Entzweiung mit der Kirchenspaltung ein. Die Entwicklung hat damit die Form der Ellipse erreicht, die Menschheit ist selbstbewußt geworden.

Die Protestanten begannen mit der Anknüpfung an das Urchristentum, also an die Einheit, waren aber ihrem Wesen nach titanisch, höchst negativ und rebellisch. Dies war notwendig, da die katholische Kirche sonst der Erstarrung anheimgefallen wäre, und der Protestantismus ist überhaupt die dem Katholizismus notwendige Ergänzung. Sähen dies Protestanten und Katholiken ein, so müßten sie sich nicht nur dulden, sondern schätzen und lieben; damit aber würden sie in ihrem Wesen hinfällig, und es kann nichts anderes zwischen ihnen sein als Kampf, solange Leben sein soll.

Von dem höchst negativen Protestantismus ging nun aber eine neue, großartige Form der Ganzheit aus. Die katholische Kirche erkannte die Sündhaftigkeit der Menschen an und begnügte sich damit, ihn durch seine Zugehörigkeit zur Kirche zu heiligen, also von außen. Die Protestanten dagegen faßten den Entschluß, den Menschen von innen her zu heiligen, ihn dadurch zu einem Ganzen zu machen, daß er das Ideal verwirklichte. Durch diese großartige Idee, die von der katholischen Kirche als ein strafbarer Titanismus angesehen wurde, machten die Protestanten den Menschen, wenigstens der Möglichkeit nach, wieder zu einem ganzen Menschen, während die katholische Kirche stets Geist und Körper gesondert hatte.

Von diesem Punkte aus begann die Selbstverneinung, indem die beabsichtigte Vollkommenheit nur durch Überwindung des Tieres im Menschen erreicht werden kann. Die Protestanten sind also die tragischen Helden der Menschheit; vom äußersten Punkte der Negativität aus verneinen sie sich, bringen Selbstmord, Geisteskrankheit und Nervenkrankheit über sich, um das im Spiegel des Selbstbewußtseins gesehene Ideal zu verwirklichen. Mit dem Beginn des Absterbens des alten Adam, des Tiermenschen, nahm das Erstehen des neuen, des Nervenmenschen oder geistigen Menschen seinen Anfang.

Nachdem der Krieg aller gegen alle, der Dreißigjährige Krieg, ausgetobt hatte, erkannten die beiden Religionsparteien sich an, und namentlich von protestantischer Seite begannen die Unionsbestrebungen, die allerdings der Form nach scheiterten, insofern aber doch zustande kamen, als der Religionskrieg sich als endgültig unmöglich zeigte. Die Menschheit trat umbiegend in die Epoche der Reife und wandte sich mit Entschiedenheit, nach Überwindung aller Spaltung und Vereinzelung, der Idee der Ganzheit wieder zu.

Die Zeit der Humanität war die Zeit, in welcher der väterlich gewordene Mann das Weib als selbstbewußten Menschen anerkannte. Die Hexenprozesse hörten vollständig auf, wurden als eine krankhafte, unverständliche Ausschreitung betrachtet. Hingegen wurde die Frau gerade wegen ihres Geistes, der auf dem höchsten Punkte seiner Entwicklung innerhalb des weiblichen war, gefeiert. Das 18. Jahrhundert war das Zeitalter der Geselligkeit, die ohne die geistvolle Frau ein Unding, eine wahre Sonnenfinsternis ist. Denn der allbelebende, alles durchleuchtende, sonnenhaft nach allen Seiten strahlende Geist, der seine schönste Verkörperung in der Frau findet, ist allein das heiter neutralisierende Element, in dem verschiedenartige Menschen sich glücklich verbinden können. Mit dem väterlich gewordenen Manne erzeugte die geistvolle Frau des 18. Jahrhunderts den genialen Mann; er erhielt den Geist der Mutter und den Charakter, die gebändigte Tierkraft des Vaters.

Im 18. Jahrhundert begannen die einzelnen Staaten des Abendlandes sich gegeneinander zu scheiden und zu formen; aber nicht zu schärferer Absonderung, sondern im Gegenteil zu geregelter Verbindung: die Form des Bundesstaates entstand. Immer häufiger tauchte auch die Idee der Weltrepublik und des Weltfriedens auf, und kam sie auch der Verwirklichung noch nicht nahe, so fühlt der moderne Mensch, trotz alles Patriotismus, sich doch mehr und mehr als Weltbürger.

Wenn im Osten ein Übermaß von Positivität herrscht, im Süden, namentlich in Italien, die harmonische Menschenform der Griechen annähernd fortlebt, also eine harmonische Verteilung von Positiv und Negativ, im Norden das Negative vorherrscht, in Deutschland besonders in ungünstiger Verteilung, so ist Amerika das spezifische Land der Dekadenz, des auf Kosten der Natur entwickelten Geistes. Der Geist ist naturlos, die Natur geistlos geworden, die hohe äußere Kultur klappert wie ein Räderwerk ab, das nichts zwischen den Zähnen hat, eine sinnlose Maschine, die sich bewegt, aber nichts erzeugt.

Es ist selbstverständlich, daß die Summe von Positivität der der Summe der Negativität auf der ganzen Erde gleich sein muß, und es ist anzunehmen, daß mit einer vollkommen harmonischen Verteilung von Geist und Natur auf der ganzen Erde die Entwicklung endet.

IX. Kapitel
Die Entwicklung des menschlichen Geistes

Gemäß der Entwicklung des menschlichen Geistes entwickeln sich die Betätigungen des menschlichen Geistes. Einer gewissen Entwicklungsstufe des menschlichen Geistes entsprechen gewisse Hervorbringungen desselben und alle seine Hervorbringungen und Wirkungen müssen seiner Entwicklungsstufe entsprechen, wenn auch, wie sich von selbst versteht, verschiedene äußere und persönliche Einflüsse Abänderungen, Hemmungen, Beschleunigungen Hervorrufen. Es ist also nicht richtig, zu sagen, daß z. B. der Jesuitismus diesen oder jenen Einfluß auf die Architektur gehabt habe, oder daß der Protestantismus diesen oder jenen Einfluß auf die Gestaltung der wirtschaftlichen Verhältnisse gehabt habe; sondern alles geht zurück auf die eine Quelle des menschlichen Geistes und die Entwicklungsstufe, auf der er sich befindet. Diese Entwicklung geht vom Einfachen zum Verwickelten, von der Einheit durch die Spaltung zur Wiedervereinigung.

Der Stufe des Kindes ist charakteristisch die unbewußte, ungegliederte Einheit; man kann sie insofern die chaotische nennen. Der kindliche Geist ist noch ungespalten, nimmt alles, was er wahrnimmt, als Ganzes wahr. Er entwickelt sich nicht, stellt nur vor und ist ein klarer Spiegel der Welt, wie seine Weltbilder noch nicht durch die Person gebrochen, unfehlbar richtig sind, so wird es durch unfehlbaren Instinkt, unbewußtes Wissen, richtig geleitet. Sein Instinkt reicht aber nur bis an die Grenzen seiner einheitlichen Welt, dessen unbewußter Mittelpunkt es ist.

Für die Jünglingsstufe ist der Beginn der Spaltung charakteristisch. Indem der Jüngling sich von der Welt entfernt, verliert er das Ganze aus dem Auge und nimmt nur noch einzelnes wahr, und zwar in bezug auf sich selbst. Wie er sich als ein von der Welt losgelöstes Selbständiges zu fühlen beginnt, ergreift ihn der Drang, sich zu äußern. Er ist wesentlich subjektiv und kein Spiegel der Welt mehr, vielmehr will er sich in der Welt spiegeln.

Auf der Mannesstufe ist die äußerste Spaltung erreicht. Der Mann steht der Welt kämpfend und verneinend gegenüber, sie ist ihm nur noch Spiegel seines Ichs, wie er sich selbst als Spiegel der Gottheit fühlt. Die Welt ist ihm vollständig in Einzelheiten aufgelöst. Sein Denken hat die höchste Stufe der Analyse erreicht, die Synthese fehlt. In ihm feiert die Negation, die Bewegung, die Persönlichkeit, das Selbstbewußtsein den höchsten Triumph.

Auf der väterlichen oder Reifestufe taucht infolge der Umbiegung das Ganze wieder auf, das einzelne tritt zurück. Die Synthese beantwortet die von der Analyse gestellten Fragen. Der Geist nähert sich wieder der kindlichen Objektivität und wird ein Spiegel der Welt, aber ein wissender.

Auf der Greisenstufe schließt sich der Kreis. Der Greis handelt, schafft nicht mehr, er wendet den Spiegel, in dem er die Welt auffängt, nach innen und nimmt sie dort wahr. Diese Stufe kann man die kosmische oder die Stufe der Vollendung nennen.

Wendet man die Entwicklungsgrundzüge auf die Entwicklung der Kunst an, so ist es am besten, mit der Architektur zu beginnen, weil die Baukunst, als die vorwiegend unbewußte, den Lauf der Entwicklung am ungestörtesten einhält. Auf der kindlichen Stufe erscheinen einheitliche Massen, die wesentlich kindliche Form ist die Pyramide. Sie versinnbildlicht das natürliche Aufsteigen von der festen Basis des Unbewußten über das Bewußtsein zur Spitze des Selbstbewußtseins. In der griechischen Kunst tritt eine gewisse Gliederung ein, und zwar durch die Horizontale, die positive, ruhende, weibliche Linie. Der Charakter der ruhenden, einheitlichen Masse bleibt auch in der griechischen Architektur vorherrschend. Auf der Jünglingsstufe beginnt der Kampf der Vertikale gegen die Masse, der in der vollendeten Gotik, auf der Mannesstufe, den Sieg erringt. Die Vertikale drückt Kampf und Bewegung aus, sie ist ein männlicher Protest gegen das Typische; die Gotik, eine grandiose Abweichung vom Natürlichen, weist auf sich gottähnlich fühlende Persönlichkeit. Die Bewegung und Gliederung ergreift die Masse und ruht nicht, bis sie vollständig aufgelöst ist; es ist ein Kampf der Geschlechter – des Negativen und positiven –, der mit vollständiger Hingebung des Weibes endet.

Nach erfolgter Hingabe tritt auf der Stufe der Reife das Weibliche wieder hervor in der horizontal gegliederten Renaissance. Im Barock erscheint die Gotik wieder, aber wesentlich verändert durch die Idee des Ganzen, die durch die förmlich anerkannte, einbezogene Weiblichkeit gesichert ist. Die vorher überwundene, aufgelöste Masse breitet sich mit schwerer Mütterlichkeit auf der Erde aus, alle Gliederung ordnet sich der Einheit unter. Im Rokoko bewegt das männliche Prinzip die Masse wieder mehr, aber immer im Hinblick auf das Ganze; man kann sagen: als Väterlichkeit hat sich die Männlichkeit mit der Weiblichkeit harmonisch vereinigt und in den Dienst des Ganzen gestellt. Das höchste Ideal, das wir, innerhalb der Entwicklung, zu fassen vermögen, ist hier erreicht, das Paradoxon verwirklicht: positives und Negatives, Weib und Mann, Horizontale und Vertikale, Natur und Geist haben sich ganz durchdrungen und sind eins geworden.

Die Kuppel, die auch schon in der Antike als Symbol der Ganzheit erscheint, drückt in der Renaissance und im Barock gleichsam augenfällig und mechanisch die Vertikale herunter. Ähnlich drückt im Staatsleben die Krone des absoluten Fürsten die übermächtig gewordene ständische Macht herunter.

Nach dem Rokoko erscheinen nur noch verschiedene Abschwächungen der Vertikale in Form von Abwandlungen der Antike. Mit erreichter Greisenstufe hört die natürliche, vom Unbewußten ausgehende Kunst auf, und gibt es nur bewußte, persönliche, zusammengesetzte Kunst.

Die Malerei ist auf der kindlichen Stufe Dekoration der Architektur und hat den Charakter des Ornaments und der Flächenkunst.

Auf der Jünglingsstufe löst sich die Malerei von der Architektur ab, bleibt aber noch vorwiegend Flächenmalerei und Darstellung des Nebeneinander. Doch wird die Darstellung schon bewegter; durch die größere Betonung des Umrisses wird der Körper vereinzelt und fängt die Raumbildung an. Diese Entwicklung erreicht auf der männlichen Stufe ihren Höhepunkt. Durch das Hintereinandersehen, das perspektivische Sehen, tritt der Körper völlig aus dem Raum heraus; bewegte Gruppen idealer Menschen, die vor dem Raume erscheinen, bilden den Gegenstand der Malerei.

In der Zeit der Reife beginnt der Raum wieder den Menschen zu umfassen, der durch allmähliche Auflösung des Umrisses mit dem Raume verschmilzt. Schließlich wird der Raum selbst, das Licht, in dem die Körperwelt erscheint, Gegenstand der Malerei.

Die Poesie belangend ist sie auf der Kindheitsstufe mit der Musik vereinigt und wesentlich rhythmisch. Die Form der Jünglingsstufe ist die Lyrik, die Form des bewußt werdenden Menschen, der sich selbst äußern will. Die Lyrik ist vorzugsweise rhythmisch und subjektiv, weniger konstruktiv. Die Form der Mannesstufe ist das Drama, die Form des selbstentzweiten Menschen. Die Welt ist ganz in Einzelheiten aufgelöst, die sich hassend und liebend, kämpfend gegenüberstehen. Der selbstbewußte Geist des Mannes spiegelt sich in lauter untereinander streitenden Personen, alle Personen eines Dramas sind eigentlich nur Spiegelungen seiner eigenen. Vorwiegend rhythmisch und persönlich ist das Drama doch konstruktiver als die Lyrik. Das Drama kann nur in der Epoche der Männlichkeit blühen, bzw. nur ein vorwiegend männlicher Mensch kann Dramen schreiben. Allen modernen Dramen fehlt gerade das dem Drama Wesentliche: das Bewegte, Rhythmische, die männliche Vertikale, die Schillers Dramen so hinreißend macht. Das moderne Drama macht den Eindruck, wie wenn ein dicker, kahlköpfiger, im Grunde völlig harmloser alter Mann plötzlich den Don Juan spielen will: es ballen sich ein paar Wolken zusammen, aber die Blitze bleiben aus.

Die Form der Reife ist das Epos, die allumfassende Ganzheit. Hier ist die Konstruktion, das Unbewußte die Grundlage, das persönliche, Rhythmische ist nur krönend. Das einzelne tritt in die Zeit zurück durch Auflösung des vereinzelnden Umrisses, zuletzt wird die Zeit selbst, die Bewegung in der die Handelnden sich darstellen, Gegenstand der Poesie.

Wie mit ihrer ganzen Kultur, so geben die Griechen auch in der Literatur ein Vorspiel der nachchristlichen: Lyrik, Drama und Epos trat deutlich geschieden bei ihnen auf. Gemäß der Einheitlichkeit ihres Geistes lief die Entwicklung verhältnismäßig ungestört und schnell ab wie die Entwicklung vegetativer oder animalischer Lebewesen. Der die Welt nur von außen als Ganzes anschauende Standpunkt wurde nie verlassen.

Es erscheint überflüssig, die Entwicklung der Plastik und der Musik im einzelnen zu verfolgen, ebenso die übrigen Betätigungen des menschlichen Geistes. Ich werde nur in Form einer tabellarischen Übersicht einige Andeutungen geben, die Ausführung bezw. Berichtigung in allen Fächern Kundigeren überlassend.

Made in the USA
Monee, IL
07 July 2026

56552390R00030

"Natur und Geist" erzählt über die Einheit des menschlichen Geistes mit der Natur. Dieses Buch enthält philosophische Überlegungen der Autorin zu metaphysischen Prozessen und deren Einfluss auf Menschen als isolierten Teil der Natur. In "Natur und Geist" geht Ricarda Huch auch auf das Thema Selbsterkenntnis und menschliches Bewusstsein ein und verweist auf die Lehren über die Stadien der menschlichen Persönlichkeitsentwicklung und Persönlichkeitsbildung.

PRESS EJECT AND GIVE ME THE TAPE

Dialogues, Interviews, and Exchanges 2001–2020

BRADLEY RUBENSTEIN

Edited by Gennifer Levey